集団適応に
困難をかかえる
子どもの
理解と対応

相澤雅文

学苑社

はじめに

　私たちは、自分らしく生きるというアイディンティティの確立をめざすと同時に、共同してより良い生活を築くためのコミュニティの中で生活してきました。複雑な情報を伝達できる言語を獲得し、他者とコミュニケーションをはかり、1人ではなしえない課題解決や技術革新を積み重ね、私たちが暮らす社会の礎を築いてきました。現代においても、学習指導要領において他者と協働する力の獲得が目指され、企業はコミュニケーション力を求めています。ヒトが「社会的動物」といわれる所以でしょう。

　友だちとかかわり遊ぶこと、「思い」や「夢」を共有すること、喧嘩して仲直りすること、そうしたことが社会性の発達を促してきました。しかし今日、不登校となる児童生徒の増加が止まりません。集団適応の難しさがクローズアップされています。

　私は、40年余りの臨床経験を重ねてきましたが、集団適応が難しくなる要因は実に多様です。特別な教育的ニーズの概念は神経発達症（発達障害）の子どもたちだけではなく、外国につながる子ども、LGBTQ＋、2E、貧困といったように広がりをみせています。

　特別支援教育（Special Support Education）は、「特別」な支援を行うことのような印象を受けます。しかし、実は Special Support は「特別」ではなく「個別」に異なるニーズを理解し支援することなのです。子どもたちが「個別最適な学び」を進めていくためは、取り巻く人々の気づきと理解、そしてそれに基づいた支援が必要です。

　本書は、集団適応の難しさにつながる多様な要因とその理解、対応についての具体的なケース検討を紹介し、わかりやすくまとめました。手に取ってお読みいただき、子どもたちの集団適応・社会性の発達に寄与できることを願っています。

京都教育大学　教授　相澤雅文

目 次

はじめに ……………………………………………………………………………… 1

Part 1　社会性発達と集団適応

1　「新しい時代に求められる資質・能力」としての集団適応 ——— 6

(1) 新しい学力観 ……………………………………………………………… 6
(2) 認知能力と非認知能力 …………………………………………………… 7
(3) 産業構造の変化 …………………………………………………………… 8
(4) これまで求められてきた学力と AI（人口知能）……………………… 9
(5) 学力・教師の役割のパラダイム転換 ………………………………… 10
(6) 試行錯誤して行われる探究学習 ……………………………………… 11
(7) コーチングの大切さ …………………………………………………… 12
(8) 「個人（医療）モデル」と「社会モデル」………………………… 13
(9) 学校の階段モデル（習得への絶壁）………………………………… 15
(10) 道徳教育と自立活動 ………………………………………………… 17

2　集団適応の難しい子ども ——————————— 22

(1) 集団適応の難しい児童がかかえる課題 …………………………… 22
(2) 集団適応と情動表出の制御 ………………………………………… 23
(3) 性と集団適応との関連 ……………………………………………… 25
(4) 個体能力・特性と環境的要因との関連 …………………………… 26
(5) 発達障害（神経発達症）と集団適応との関連 …………………… 28
(6) 特別な教育的ニーズの広がりとダイバーシティ教育 ………… 30
(7) 外在化問題行動と内在化問題行動 ………………………………… 32
(8) 外在化問題行動の発現 ……………………………………………… 34
(9) 内在化問題行動の発現 ……………………………………………… 35
(10) 外的適応・内的適応と問題行動 ………………………………… 36

2

3　学齢期の社会性発達と社会化のエイジェント————— 38

　(1) 社会化のエイジェント ……………………………………………… 38
　(2) 学校は「小さな社会」……………………………………………… 39
　(3) 学校における「子ども－大人」の関係 …………………………… 40
　(4) チーム担任制の導入 ……………………………………………… 43
　(5) 学校における「子ども－子ども」の関係………………………… 45
　(6) 情動コントロールと社会性発達 ………………………………… 47
　(7) 子どもの愛着と社会性発達 ……………………………………… 49
　(8) ブロンフェンブレンナーの生態学的モデル …………………… 51

4　移行期と集団適応との関連————————————————— 54

　(1) 幼稚園・保育所・子ども園から小学校への移行 ……………… 54
　(2) 小学校から中学校への移行……………………………………… 56
　(3) 中学校から高等学校への移行…………………………………… 58

Part 2　事例から考える集団適応の課題と対応

幼児期

1　「いたずら」の度がすぎる子ども————————————— 66

2　ことばの発達に遅れを感じる子ども————————————— 69

3　外国につながる子ども—————————————————— 72

学齢期（小学校）

4　暗黙のルールの理解が難しい子ども————————————— 75

5　特異な才能があると考えられる子ども———————————— 78

6　怒りの感情がコントロールできない子ども—————————— 81

7　敏感で感受性の強い子ども———————————————— 84

8 愛着不全と考えられる子ども —————————— 87

9 よく嘘をつく子ども —————————————— 90

10 学習の理解が顕著に難しくなった子ども ———— 93

11 不器用なことで苦労している子ども ————————— 96

12 ゲームへの依存が心配な子ども —————————— 99

13 学校でお話ができない子ども —————————— 102

14 「過剰適応」と考えられる子ども ————————— 105

学齢期（中学校）

15 不登校傾向が目立ち始めた生徒 ————————— 108

16 厳しいチック症状のある生徒 —————————— 111

17 別室登校の状態が続いている生徒 ——————— 114

18 性的マイノリティと考えられる生徒 ——————— 117

19 友だちの物を盗ってしまう生徒 ————————— 120

20 「聞き取り困難症」が疑われる生徒 ——————— 123

学齢期（高等学校）

21 ヤングケアラーの生徒 —————————————— 126

22 教師へ反抗的な態度をとる生徒 ————————— 129

23 皆の前で目立ちたくない生徒 —————————— 132

24 高等学校を中途退学する生徒 —————————— 135

おわりに ……………………………………………… 139

Part 1

社会性発達と集団適応

1 「新しい時代に求められる資質・能力」 としての集団適応

(1) 新しい学力観

　新しい時代に必要となる資質・能力は次のように示されています。

（ア）「何を知っているか、何ができるか（個別の知識・技能）」

　各教科等に関する個別の知識や技能、身体的技能や芸術表現の技能等です。

（イ）「知っていること・できることをどう使うか（思考力・判断力・表現力
　　　等）」

　主体的・協働的に問題を発見し解決するための思考力・判断力・表現力等で
す。

（ウ）「どのように社会・世界と関わり、よりよい人生を送るか（人間性や学び
　　　に向かう力等）」

　知識・技能を身につけるだけではなく、身につけた知識・技能をどのように
有効に使うことができるのかが問われています。グローバル化する社会の中で
どのように自分の特性を捉え伸ばしながら、どのように自分らしく生きていく
のか、そのためのベクトルを決定づける情意や態度などを大切にすることが求
められているのです。

　こうしたことから、主体的に学習に取り組む態度も含めた学びに向かう力
や、自己の感情や行動を統制する能力、いわゆる「メタ認知」に関すること
や、多様性を尊重する態度と互いの良さを生かして協働する力、持続可能な社
会作りに向けた態度、リーダーシップやチームワーク、感性、優しさや思いや
りなど、人間性に関することが、クローズアップされています。

　知識の量だけではなく、得られた知識をどのように実生活で使えるようにし
たのかということに力点が置かれたことが大きな変化です。

(2) 認知能力と非認知能力

　他者と共同しながら何かを創り上げていくことは、学びが個人の認知的側面の課題だけではなく、非認知能力（OECDは社会情動的スキルと位置づけています）の共同した学びへの取り組みのあり方に言及されたことが資質・能力の新しい捉え方につながったと考えられます（図1）。

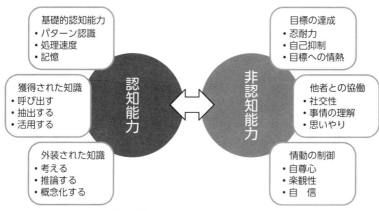

図1　認知能力＋非認知能力（OECD，2015を相澤が改変）

　認知能力とは、テストや発達検査、知能検査などで数値化することができる能力ということができます。新版K式発達検査2020やWISC-Ⅴなどは認知能力を計るために行われますし、中学校や高等学校での定期考査なども認知的側面の習得度を測るために行われると考えられます。記憶する力、思考する力、計算する力、言語の力、IQ（知能指数）などが認知能力になります。
　一方非認知能力は、忍耐力や自己抑制、思いやり、自尊心、粘り強さなど認知能力以外の能力で、一般的に数値化できない心理的側面のことを指しています。非認知能力を育むには、子どもたちが様々な遊びに夢中になって取り組むことが大切とされています。自分で考えて遊びを工夫したり、自分が好きなものを見つけたりしていくことなどが非認知能力を育むとされています。

(3) 産業構造の変化

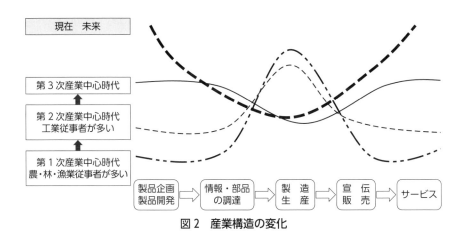

図2 産業構造の変化

　私たちの国では、産業構造が変化してきました（図2）。

　昭和の中期頃までにかけては、農業や漁業、林業などの第1次産業に従事する人が多く、我が国の産業の中心となっていました。

　産業構造が大きく変化したのは1960（昭和35）年から1980（昭和55）年の間とされています。まずは、第1次産業従事者の激減と、第2次産業従事者の急増がありました。この時期は重化学工業による生産性の向上があり、高度経済成長期となり、GNPが世界第2位まで上がりました。工業等の製造・生産に関わる従事者が増え、第2次産業が中心の時代となったのです。

　その後、工場生産品は人件費の安い海外に依託されるようになり、製品の企画・開発やサービスなどの第3次産業が中心となりました。昭和の後期から平成にかけては、第3次産業に従事者は全体の半数を超えました。中でも「医療・福祉関係」「IT関係」「教育・学習支援関係」分野の従事者が急増しました。未来においても第3次産業の従事者の増加が予想されています。社会では協働しての製品の企画・開発や、他者とかかわるサービスの提供といった、コミュニケーション力が求められています。

(4) これまで求められてきた学力とAI（人口知能）

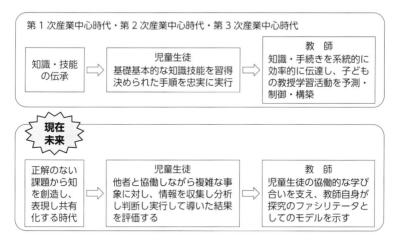

図3　学力・教師の役割のパラダイム転換

　学校の教員は、「専門的な知識・技術の獲得」「教授方法・教授技術の獲得」「子ども理解」といったたくさんの専門的知識・技能を習得した方がなる職業です。そして子どもたちに授業などを通して知識の伝達を行い、子どもたちがたくさんの知識を習得することが教育の目標となっていました（図3）。

　しかし、人口知能の発達により、知識の獲得だけでは将来の見通しがもてない時代になっています。スーパーのレジや文章を書くことまでも、これまで人が行っていた仕事が人口知能でできるようになっています。マイケル・A・オズボーン（2017）は、「今後10〜20年程度で、アメリカの総雇用者の約47％の仕事が自動化されるリスクが高い」と予想していました。

　スマートフォンで検索すると大抵の知識を取得することができます。知識や情報は皆さんのポケットや鞄の中にあるのです。知識を習得するだけではなく、どのようにその知識を使っていくのかという時代となっています。それが先行きの不透明な時代を自分の力で切り開くことにつながるとされています。

(5) 学力・教師の役割のパラダイム転換

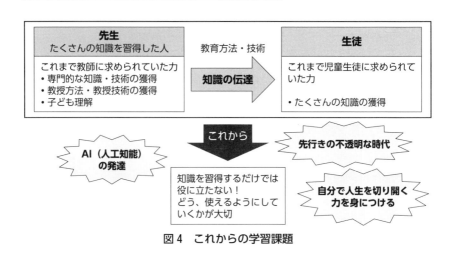

図4 これからの学習課題

　第1次産業中心の時代、第2次産業中心の時代、第3次産業中心の時代は、知識・技能を伝承することが教育の第一の目的とされてきました（図4）。子どもたちは、基礎的・基本的な知識技能を習得して、決められた手順を忠実に実行するという、詰め込み型の教育が行われ、学力偏重の時代とも呼ばれました。教師は、知識や決められた解法の手順を系統的・効率的に伝達する教授学習活動を構築することが専門性とされました。「1＋1＝2」といったように誰が答えても同じ解になる「絶対解」をどう効率的に求めるのか、ということが教科学習の目的となっていたのです。

　しかし、現在は「正解のない課題から知を創造し、共有化していくこと」が求められています。「納得解」という表現が使われるようになりました。「納得解」とは多様な視点から考えることが必要であり、明確な正解を導き出すことは難しいけれども、他者と共同しながら情報を収集し、役割分担をしながら多くの人たちが納得できるような解のことです。他者との協働による試行錯誤を繰り返し、探究していくことによる学びが将来の豊かな社会生活につながっていくと考えられています。

(6) 試行錯誤して行われる探究学習

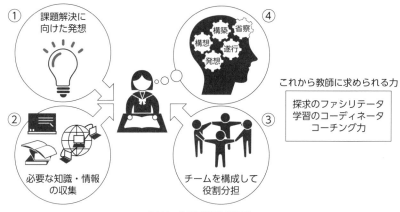

図5　探究学習の流れ

① 課題解決に向けた発想
　自分なりの課題を見つけて、課題設定をすることが探究学習の第一歩となります。主体的な課題を選定し、解決に向けた手立てを発想します。
② 必要な知識・情報の収集
　発想を具現化するために、インターネットや書籍から知識・情報を集めて分析します。分析する手法を知ることも探究学習で大切なことです。
③ チームを構成して役割分担
　複雑で多様化、高度化した課題は、チームの編成と分担が必要です（図5）。多量の情報分析や、多角的なアプローチが必要だからです。チームで力を合わせた結果をまとめプレゼンするまでが探究学習の一環となります。
④ 発想⇒構想⇒構築⇒遂行⇒ 省察
　省察とは一口に言えば、振り返ることです。一連の流れを振り返り、評価をします。達成できたこと、改善すべきことを次の取り組みにつなげていくために行われます。「納得解」を得る試行錯誤の過程で重要なことです。

(7) コーチングの大切さ

図6 コーチング（自発的行動を促進するコミュニケーション）

　探究学習を行う上で、教師は探求のファシリテータや学習のコーディネーターとしての役割を担うことになります。教師はティーチャーと呼ばれるように、ティーチングを行うことがこれまでの基本でした。教授－学習をどう効率よく進めるかということがその中心的課題でした。

　しかしこれからは、子どもたちの主体的・協働的学びを支えるためには、コーチングが重要になると考えられています。自発的行動を促進するコミュニケーション方法がコーチングです（図6）。「子どもの話を聞く－質問する－子どもが考える」といったことをループさせ、子ども自身が自分の考えや思いを整理します。整理することで新たな気づきが生まれ、取り組みを始めようとするときに教師は背中を押して応援するのです。子ども自身の自発的な取り組みから目標が達成されれば、それは成就感を感じ、自信につながるはずです。それが新たな課題に対しても積極的・主体的に取り組める力につながっていくと考えられているのです。学校においてのコーチングは「子ども－大人」の関係づくりが基盤となります。子ども自身が主体的に物事に取り組もうとすること、「子ども－子ども」の協働的な学びの経験を支えるものでもあります。

(8)「個人（医療）モデル」と「社会モデル」

　私たちの社会は基本的にマジョリティである「健常者（典型発達者・多数の人々）」に対応するようにできています。2016（平成28）年から障害者差別解消法が施行され、共生社会の実現に向けた「社会モデル」へのシフトが推進されています。インクルーシブな共生社会とは、マイノリティの人々も生活しやすい環境を実現することです。

図7　個人（医療）モデル

　図7は、「疾病により足の筋力が低下し（機能障害）歩くことができない（能力障害）。車椅子では階段が上れずホームに行けない（社会的不利）」という状態になっています。これは、障害に対する「個人（医療）モデル（ICIDHモデル）」と呼ばれるものです（図8）。

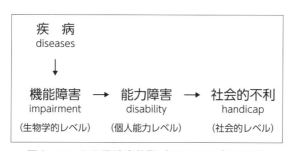

図8　WHO 国際障害分類（ICIDH モデル 1980）

図9　社会モデル

　図9は、絶壁の上にホームがあり誰も行くことができません。図7の車椅子の方にとって階段は絶壁のような状態なのです。そうしたことにみんなが気づいて、バリアフリー（みんなができるようになる）環境を実現していくということが、障害に対する「社会モデル（ICFモデル）」（図10）です。

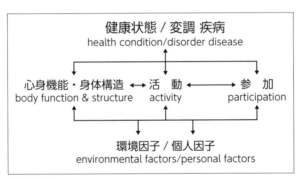

図10　国際生活機能分類（ICFモデル 2001）

　全ての子どもには、学ぶ権利があります（憲法13条、26条、子どもの権利条約6条、29条1項）。にもかかわらず学びに向かうことが難しい状況がおきています。教育の場においてもみんなが学べる「社会モデル」の実現を考えていく必要があります。次項の学校の階段モデルをお読みください。

(9) 学校の階段モデル（習得への絶壁）

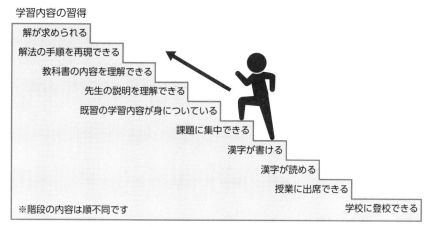

図11　学校の階段モデル①

　学校で新たな学びを習得するためには、「学校の階段モデル①」（図11）のように「登校し授業に出席する」「漢字が読める・書ける」といったベーシックなことから、「既習の学習内容が身についている」「解法の手順を再現できる」などの条件をクリアしていることが必要になってくると考えられます。

　しかし、学習の遅れや、発達的課題（読み書きや聞き取りの難しさ、意味理解に時間を要するなど）がある児童生徒は、「学校の階段モデル②」（図12）のように「漢字が読める」や「既習の学習内容が身についている」といった階段が欠落してしまった状態、手も足も出ない絶壁を目の前にしているように感じているのではないかと考えられるのです。

　ある自治体で夏休みに小・中学生を対象としたSNS相談を開設したそうです。1日に1,000件程度の相談があったとのことでした。匿名で相談できるので「いじめ」「けんか」「虐待」「恋愛」などの相談が多いのでは、と予想されていたそうです。しかし、相談の2割強は「どうしたら、勉強ができるようになりますか」という内容だったとのことです。人知れず勉強ができるようにな

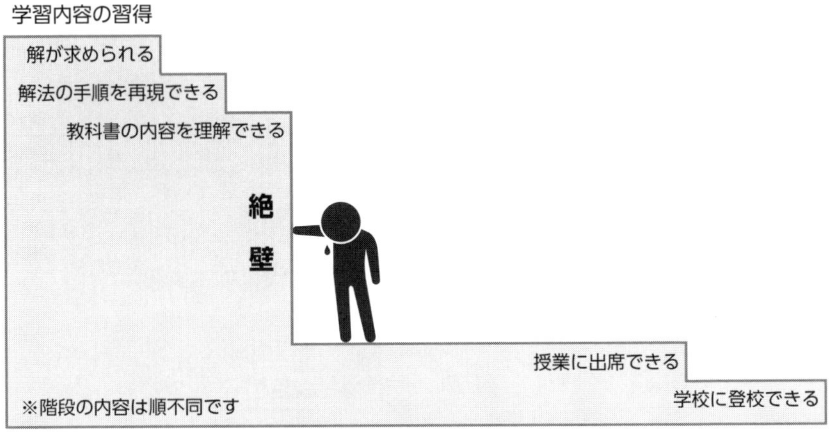

学習内容の習得

解が求められる
解法の手順を再現できる
教科書の内容を理解できる

絶壁

授業に出席できる
学校に登校できる

※階段の内容は順不同です

図12　学校の階段モデル②

りたいと悩んでいる子どもたちは多いのです。

　学習性無力感（セリグマンとマイヤーの実験）を示す動物実験があります。それは次のような内容です。

・犬たちはハンモックにつるされ、動けないように固定されました。

・1日目、一方の犬は無害だけれど不快な電気ショックを一定周期で与えられました。当然、犬は逃げようとしました。しかしハンモックにつるされているので、逃げようとしても、逃げようとしても、電気ショックから逃げることができませんでした。一方の犬には電気ショックは与えられませんでした。

・2日目、犬たちは箱に移されました。赤いランプがつくと両方の犬に電気ショックが与えられました。1日目に電気ショックを与えられなかった犬は柵を跳び越えて逃げました。しかし、電気ショックを与えられ続けた犬は逃げようとせず諦めたようにじっと電気ショックに耐えていました。

　逃れようとしても逃れられないストレスや困難にさらされ続ける、そして何をやっても改善できない状態が続く、そうした感覚を学習してしまうことにより、努力や挑戦への意欲が削がれ無気力になってしまうことを学習性無力感といいます。

(10) 道徳教育と自立活動

・「特別の教科　道徳（道徳科）」と「道徳教育」

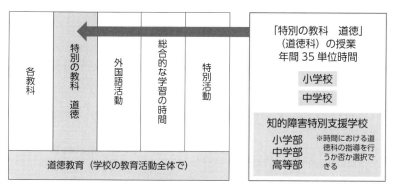

「特別の教科　道徳」（道徳科：道徳の時間における指導）と、学校の教育活動全体を通して行う道徳教育とがあります。道徳教育は学校の教育活動全体を通じて行われるものであり、「特別の教科　道徳」（道徳科：時間における指導）はその一部と捉えられます。

図13　「道徳科」と「道徳教育」の関係

　小学校学習指導要領（2017）では、「道徳教育は、学校や児童の実態などを踏まえ設定した目標を達成するために、道徳科はもとより、各教科、外国語活動、総合的な学習の時間及び特別活動のそれぞれの特質に応じて行うことを基本として、あらゆる教育活動を通じて、適切に」行うこととされています。このように「特別の教科　道徳（道徳科）」と学校の教育活動全体で取り組む「道徳教育」を関連させながら進められていきます（図13）。

　また、「A　主として自分自身に関すること」、「B　主として人との関わりに関すること」、「C　主として集団や社会との関わりに関すること」、「D　主として生命や自然、崇高なものとの関わりに関すること」のように、児童生徒の対象の広がりに即して整理し、22の内容項目を構成しています。価値理解、人間理解、他者理解、そして、障害理解を深め、共生社会の基盤となる取り組みが期待されています。

・自立活動の「時間における指導」と「教育活動全体を通じて行う指導」

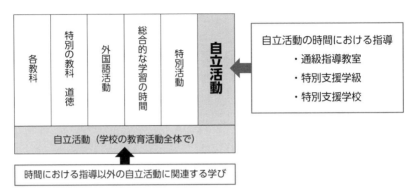

自立活動は、特設された自立活動（自立活動の時間における指導）と、他の各教科・領域等の学校の教育活動全体を通して適切に行うものとがあります。すなわち、自立活動の指導は学校の教育活動全体を通じて行うものであり、「自立活動の時間における指導」はその一部と捉える必要があります。

図14　自立活動の展開

　自立活動の前身は「養護・訓練」と呼ばれていました。「一人一人の児童生徒の障害の種類・程度や発達の状態等に応じて、学校の教育活動全体を通して配慮する必要があるが～中略～各教科、道徳科および特別活動とは別に、これを『養護・訓練』とし、時間を特設して指導する必要がある」として1971（昭和46）年の学習指導要領の改訂において設定されました。

　1999（平成11）年の学習指導要領の改訂で「個々の児童又は生徒が自立を目指し、障害に基づく種々の困難を主体的に改善・克服するために必要な知識、技能、態度及び習慣を養い、もって心身の調和的発達の基盤を培う」ことを目標として「養護・訓練」から「自立活動」に改訂されました。

　現行の『特別支援学校幼稚部教育要領及び特別支援学校小学部・中学部学習指導要領』（2017）においても、「自立活動の指導は、障害による学習上又は生活上の困難を改善・克服し、自立し社会参加する資質を養うため、自立活動の時間はもとより、学校の教育活動全体を通じて適切に行うものとする」ことや「自立活動の指導は、特設された自立活動の時間はもちろん、各教科、道徳

科、外国語活動、総合的な学習の時間及び特別活動の指導を通じても適切に行わなければならない。自立活動の指導は、学校の教育活動全体を通じて行うものであり、自立活動の時間における指導は、その一部であることを理解する必要」であることが明記されています。

　自立活動の指導は特別支援学校⇒特別支援学級⇒通級指導教室のように、学校教育の中で対象を広げています。通級指導教室で「特別の教育課程」を編成することとは、特別支援学校の学習指導要領にある、障害に応じた特別の指導（自立活動）を行えるという意味です。

　従いまして、図14で示したように通級指導教室に通う児童生徒が「時間における指導」で取り組まれている自立活動の内容は、在籍する通常の学級においても取り組む必要があるということになります。自立活動の時間における指導と学校の教育活動全体を通じて行なわれる指導とが密接な関連を保ち、整合性をもつことが求められるのです。

　自立活動の内容は6区分27項目（図15）ありますが、各教科等における学習指導要領のように、その内容全てを取り扱うものではありません。児童生徒の実態に応じて必要な項目を選定します。そして、選定した項目を単独で扱うのではなく、「必要な項目を相互に関連づける」ということが自立活動の指導を行う上で大切なポイントです。

　例えば図16のように、対人関係に課題があるとされた児童生徒が通級指導教室で「情緒の安定に関すること」（心理的な安定）、「他者の意図や感情の理解に関すること」（人間関係の形成）、「状況に応じたコミュニケーションに関すること」（コミュニケーション）を身につけることを目標としてソーシャル・スキルトレーニングに取り組むことになったとします。通級指導教室のソーシャル・スキルトレーニングで学んだことを実際に発揮するのは在籍している通常の学級などの場になります。学習上又は生活上の困難を改善・克服し、自立し社会参加する資質を養うためには、学校の教育活動全体を通じて、個々の児童生徒の特別な教育的ニーズに応じた「自立活動」の内容を念頭においた教育活動が必要なのです。

自立活動の内容

人間としての基本的な行動をするために必要なこと	障害による学習上または生活上の困難を改善・克服するために必要なこと

○健康の保持
(1) 生活のリズムや生活習慣の形成に関すること
(2) 病気の状態の理解と生活管理に関すること
(3) 身体各部の状態の理解と養護に関すること
(4) 健康状態の維持・改善に関すること
(5) 障害の特性の理解と生活環境の調整に関すること

○心理的な安定
(1) 情緒の安定に関すること
(2) 状況の理解と変化への対応に関すること
(3) 障害による学習上又は生活上の困難を改善・克服する意欲に関すること

○人間関係の形成
(1) 他者とのかかわりの基礎に関すること
(2) 他者の意図や感情の理解に関すること
(3) 自己の理解と行動の調整に関すること
(4) 集団への参加の基礎に関すること

○環境の把握
(1) 保有する感覚の活用に関すること
(2) 感覚や認知の特性についての理解と対応に関すること
(3) 感覚の補助及び代行手段の活用に関すること
(4) 感覚を総合的に活用した周囲の状況についての把握と状況に応じた行動に関すること
(5) 認知や行動の手掛かりとなる概念の形成に関すること

○身体の動き
(1) 姿勢と運動・動作の基本的技能に関すること
(2) 姿勢保持と運動・動作の補助的手段の活用に関すること
(3) 日常生活に必要な基本動作に関すること
(4) 身体の移動能力に関すること
(5) 作業に必要な動作と円滑な遂行に関すること

○コミュニケーション
(1) コミュニケーションの基礎的能力に関すること
(2) 言語の受容と表出に関すること
(3) 言語の形成と活用に関すること
(4) コミュニケーション手段の選択と活用に関すること
(5) 状況に応じたコミュニケーションに関すること

2017（平成 29）年改定の特別支援学校学習指導要領

図 15　自立活動の 6 区分 27 項目

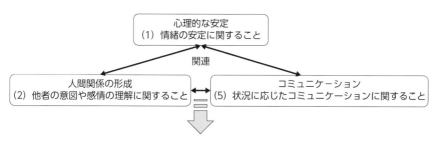

図 16　自立活動の指導内容の選定

2 集団適応の難しい子ども

(1) 集団適応の難しい児童がかかえる課題

　本郷（2006）は集団の中で特別な支援を必要とする子どもに対しては、行動そのものではなく行動の背景を理解した上で支援を行うことが重要であると指摘しています。集団適応の難しさは、社会的な学習の機会が制限されることにつながり、集団への不適応行動がより一層強くなっていくことが懸念されるのです。生活場面で仲間と豊かな相互関係を築くことは、自己効力感を育むことや協働することなどの非認知的能力（社会情動的スキル）の発達や心理的な適応と関連し、その後の成長において精神的な健康をもたらすと考えられます。

　集団適応の難しさは、子どもの情緒的・精神的側面の構造や発達に影響を与えると考えられます。集団適応の難しい子どもの初期的な反応は、否定的感情が芽生え、自尊感情が低下していくとされています。集団に入れないことによる悲しみや、怒りなどの感情が生じるからです。初期反応に続いて生起する反応として、関係促進反応、反社会的反応、無感覚反応の３つがあげられます。

　関係促進反応とは所属欲求が疎外された場合、より一層対人関係の保全や受容水準の向上に努める反応です。クラスの中で「ボス」的な存在の児童がいた場合、その人の顔色をうかがいながら生活するといったような状況です。

　反社会的反応とは集団適応の難しさの要因となった相手に嫌悪感情を抱き否定的な評価をし、敵意や攻撃性を強くする反応です。敵意や攻撃性は徐々に集団に適応している人々にも向けられ、般化していく傾向をみせます。

　無感覚反応とは心的機能を低下させ、他者とのつながりに対して扉を閉ざし、関係性から離脱するような方向性を示す反応です。交流場面で、距離をおいて顔を見ないようにし、他者とのかかわりにも閉鎖的になることです。

　このように、学齢期の社会性発達の不全はその後の生活に大きな影響を与えるのです。

(2) 集団適応と情動表出の制御

　子どもの仲間関係のあり方に即した行動背景の理解のためには、他者との関係を築く役割を担う情動表出を制御するといった側面を考えることも重要になってきます。相手との関係を維持したり行動の規範を維持したりするために情動表出を制御することを向社会的動機（Prosocial Motives）とし、自分にとってネガティブな結果を避けたり自尊心を維持したりするための情動表出の制御を自己保護的動機（Self-Protective Motives）としています。

　情動表出を制御することには他者を守る機能と自分を守る機能とがあり、集団の中で友好的な関係を保つためには他者を意識しながら情動表出を制御することが必要であるとしています。他者との関係を良好に保つため、あるいは自己に対する他者からの評価をマイナスにしないために、TPO に合わせた情動表出の制御が必要と考えられます。

　集団適応を考える場合には、社会的に望ましいとされる情動表出をするといった暗黙のルールがあります。社会性の基本を身につけ情動を適切に制御することは、学級集団の一員として振る舞い、他者との共存のあり方を獲得することにつながります。集団生活の中で子ども自身が獲得した仲間関係は、自己効力感の向上につながると考えられます。

　ゴードン（1989）は、子どもの情動的コンピテンス（Emotional Competence）について、社会的な相互交渉の経験を経ながら情動の文化的意味を理解することで情動を拡大したり抑制したりできるようになると述べています。またサーニ（1984, 2000）は、ある場面でどのような情動表出をすべきかといった社会的表示規則（Social Display Rules）の獲得が子どもの情動表出の制御に結びつくことを示しています。

　具体的な例としてサーニ（1979）やコール（1986）が示している「期待はずれのプレゼント課題」があります。それは、幼児にある仕事をしてもらったお礼として幼児がすでに持っている、あるいは幼児が欲しいとは思っていないプレゼントを贈るというものです。プレゼントをくれた相手がいない場合、それ

を開けた幼児は明らかに不快の表情を示します。しかし、相手がその場にいる場合は3歳児でも不快の表情を隠して照れ笑いし、6歳児では「ありがとう」と言い笑顔を浮かべたりするといった内容です。社会的表示規則を獲得した情動表出の制御は3歳ぐらいになると可能であるということです。

　一方で、情動表出の制御は行動レベルでは幼児期から生じるものの、その制御はかなり自動化されており、幼児は認知的に理解して意識的にそのような制御を行っているのではないという説もあります。例えば塚本（1997）は、5、7、9歳児を対象に情動表出の制御が求められるような場面を提示した実験を行っています。その結果、対人場面において情動表出の制御の必要性が理解できるのは7歳頃以降であるとしています。また、ハリスらは（1986）は4歳児と6歳児を対象とした比較実験を行っています。主人公が置かれている状況と主人公が自分の気持ちを隠そうとしていることを提示した比較実験の結果からは、6歳児のほうが主人公の情動とは異なる表情を選択することができ、なぜその表情を選択したのかという理由づけも適切であったとしています。

　これらの研究から、子どもが意識的に自分の情動表出を制御するようになるのは6、7歳頃であると考えられています。情動表出の制御の個人差は子どもの適応に影響を及ぼすとされており、適切な情動表出の制御は児童期に獲得すべき重要な発達課題ということができます。

　学級集団の中で他者との関係を持続させたり、より良い関係を構築したりするためには、かなり意識的な情動表出の制御が必要となるであろうことは想像に難くありません。児童期における情動表出の制御の発達は、集団適応に困難をかかえる子どもたちと重大な関連があると考えられています。

(3) 性と集団適応との関連

　性差による集団適応への影響として発達心理学的に捉えられてきたのは、いわゆるジェンダーロール（性役割）からの影響です。歴史的に振り返っても子どもを取り巻く人々は乳・幼児期から子どもの男の子らしさ・女の子らしさを意識して育ててきました。例えば、生まれた赤ちゃんが男の子である場合、お祝いとして贈られるベビーウェアや靴は青系統の色で占められるといったように、性によるステレオタイプが認められます。

　これまでは、色濃く社会的・文化的に男性と女性との性の違いによる役割や行動を求めたり、誕生したときからそれぞれ子どもの性にふさわしい玩具や遊びを与えられたりされてきました。子どもはその影響を受け自分の性別を知り、やがて自分の性別に応じた性役割行動を選択するように導かれ、取り巻く社会の文化が規定した性に適応した行動様式、興味、ものの考え方や態度などを身につけるようにすることが求められてきたと考えられます。そこから逸脱することは集団適応という見地からも課題と捉えられることが多かったことでしょう。「男まさり」や「女だてらに」、「女々しいやつ」などはそうしたことを表象したことばと考えられます。

　近年、LGBTQ＋の理解の広がりや、性にこだわらず、すべての人々が自分の個性と能力を生かして伸び伸びと生きることをめざすジェンダー・フリーの意識の拡大がありました。学校においても出席番号は男女別ではなく、誕生日や名前の「あいうえお順」「ABC順」による順番になったり、男の子を「○○くん」、女の子を「○○さん」と呼名していたのが、「○○さん」に統一されたりするようになりました。

　しかし、体育の水泳の授業やその際の着替えの場所、トイレの利用、性教育の場、宿泊学習や修学旅行での入浴・寝室などにおいては、個々の性意識と学習活動や日常生活の場の整合性に関してはまだまだ十分な対応がされておらず、集団適応の課題となっているのが実状です。

Part 1　社会性発達と集団適応

(4) 個体能力・特性と環境的要因との関連

　字を書けなかった子が字を書けるようになったり、子どもが人の顔の絵を描くようになったりすることは個体能力の発達と捉えられます。発達の様相を標準化し個々の到達状態を示す指標として発達検査や知能検査が開発されてきました。複雑な事象を抽象化、単純化して個人単位の評価を行い、ポイントを明確に示すことがアセスメントとして求められてきたのです。

　そのためのアセスメントは、標準化された知能検査や心理尺度の実施や発達障害（神経発達症）に係る行動特徴を捉えるといったことが中核となってきたといえるでしょう。個別的な働きかけが主に意識されてきたと考えることができます。しかし、通常の学級では個別最適化が目指されてはいるものの個々の教育的ニーズに対応できる支援には限りがあります。学級の一斉指導の中では十分な個別的な支援が難しいことが多く、個別指導の必要性と一斉指導のすりあわせが困難な状況があり、特に特別な教育的ニーズのある児童生徒への対応に苦慮しているのが実状です。

　学校では集団適応の困難への対応策として児童自身の個体特性や行動特徴に対する支援を中心として行われてきているのですが、環境的要因からのアプローチは十分な検討がなされてこなかったといえます。

　実際の生活場面で仲間たちと豊かな相互関係を築くことは、自尊感情などの社会的コンピテンスや心理的な適応と関連していることや、その後の成長において精神的な健康をもたらすことなどから、児童を取り巻く環境からの影響についての検討を取り入れていく必要性があると考えられます。

　例えば、浜田（2009）が述べているように「生活の現実に理論のメスを入れないかぎり、発達論は結局この個体能力論に絡め取られていく」という指摘をしています。また鯨岡（2005）も「関係の営みの中で人は発達する」とし、従来からの「子どもの発達は基本的には個の能力の発達として考えてきた」という立場を個体能力発達論として批判し、「その子の生きる生活の場に即してとらえ直す」必要性を指摘しています。

すなわち子どもが生活しにくい思いを抱き、それが実際に種々の問題として現われてくる背景には、個体能力がどう変化していくのかといった点にのみ焦点を当てるのではなく、集団という環境においてどのような影響を受け、適応する力を高めていくのかを考える必要があるのです。行動や心理の時間的変化や、子どもや大人を取り巻く環境、人との関わりなど、そこで起きている人々の現象を生態学的に理解することでその子の生活の場に即した支援が実現できると考えます。

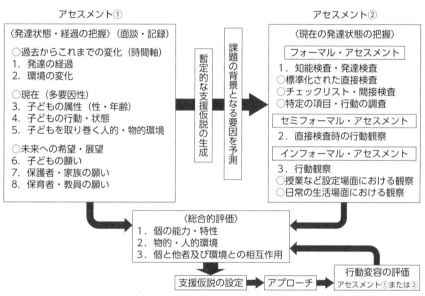

図17　アセスメントから支援へ（本郷, 2016, 2023を参考に相澤が作成）

　図17のように、アセスメンを個体能力・特性とともに環境的要因との両面から行うことで、対象となる子のニーズがわかってきます。それを手がかりとして、支援仮説を設定し、アプローチへとつなげていきます。

(5) 発達障害（神経発達症）と集団適応との関連

　「発達障害（神経発達症）」は、発達障害者支援法（2004年公布、2016年改訂）によれば、「自閉症、アスペルガー症候群その他の広汎性発達障害、学習障害、注意欠陥多動性障害その他これに類する脳機能の障害であって、その症状が通常低年齢において発現するもの」と定義づけされています。また、2016年の改訂では、発達障害がある者であって発達障害及び社会的障壁により日常生活又は社会生活に制限を受けるものとし、「発達障害者への支援は社会的障壁を除去するためにおこなう」という基本理念が追加されました。

　発達障害者支援法の施行により、それまでの法律では障害と認められていなかった発達障害を、法制度に位置づけ、医療や保健、教育、福祉、就労などにおいて支援体制の確立を進めることができるようになりました。

　上野（2002）は、発達障害は児童期の心身の発達上の問題として、学習面や学校適応、対人関係などをはじめとする様々な生活活動に重大な制約を生じる可能性があるとしていました。

　発達障害（神経発達症）のある方は、文字の書きにくさや読みにくさ、会話の聞き取りにくさ、周囲とのコミュニケーションがうまく取れないこと、他者とのトラブルが頻出すること、他の人が普通にできることができないといったような、自己肯定感が低下し生きづらさを感じる日々を送っています。そうしたことから、個々の障害特性から受ける強いストレスや、周囲との不調和からの孤立感を感じるというような問題を抱えるようになります。こうした日常的なストレスや周囲との不適応感が高じてくることから、精神疾患を併発したり、集団適応を一層困難にする問題行動として二次障害が発現されたりすることがあります。

　斎藤（2009）は、「二次障害」の顕在化の要因として成長発達の時間経過の途上で受けた外傷的な経験をあげています。注意欠如多動症の子どもが、その多動性、衝動性のために度重なる叱責などを受けることにより、大人（権威のある人）に対して反抗的な態度をとる「反抗挑発症」に移行し、またマイナス

経験を重ねることで日常的に反社会的行動をとる「素行症」に移行していくといった、反社会性の進行を示しています（図18）。

実際、発達障害（神経発達症）とされる子どもは生来の発達障害（神経発達症）の特性に加えて、不登校や反社会的行動などの二次障害に陥ってしまうケースについて多くの報告がされています。

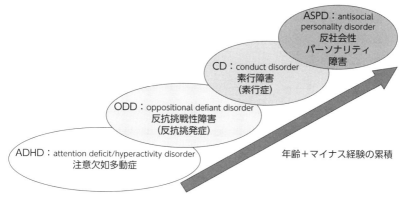

図18　反社会性の進行（DBD*マーチ）（齊藤，2010を参考に相澤が作成）
＊DBD：disruptive behavior disorder（破壊的行動障害）

例えば、相澤（2004）は、「Aさんは小さい頃は全般的におとなしく、新しい環境への対応が困難で、出かける前に嘔吐や、泣く、熱が出るなどのことがよくあった。始語は遅くなかったが、自分の気持ちをうまく表現できない子どもであった。幼稚園には母親が一緒に登園し活動にも付き添っていた。家庭内で家族との会話はあるが、幼稚園ではほとんど話しをしなかった。小学校にも母と二人で登校した。言葉で意思表示をするようになったが、おとなしく積極性に乏しかったため、何かにつけ先生の対応は後回しであった。2年生の夏休み明けに不登校となり児童相談所で相談を受けた。一時は登校できたが再び不登校となり、中学校に入学したが籍を置いただけの状態であった」といったように、集団適応の難しさから「ひきこもり」となった二次障害の例を紹介しています。

(6) 特別な教育的ニーズの広がりとダイバーシティ教育

特別な教育的ニーズのある子ども

- 視覚障害
- 聴覚障害
- 肢体不自由
- 病弱・身体虚弱
- 知的障害
- 言語障害
- 情緒障害
- 発達障害（ASD、ADHD、SLD、DCD、TS など）

- 不登校
- 児童虐待
- ギフテッド（Gffted、2E）
- 外国につながる子ども
- LGBTQ＋
- ヤングケアラー
- 子どもの貧困
- 保護者対応　　　　　　　　など

図 19　特別な教育的ニーズの広がり

　特別な教育的ニーズの広がりが指摘されています。これまで障害という範疇で捉えられなかった子どもたちの特別な教育的ニーズの多様性（ダイバーシティ：Diversity）への理解と支援が求められています（図 19）。

　ダイバーシティ教育とは、人種、性別、文化、国籍、宗教などの違いを受け入れ、お互いに認め合うための配慮や考え方、行動を促す教育のことです。渡邉ら（2017）は「『児童の多様性に配慮した教育』や『多様性を認め互いに尊重し合う態度や行動を児童に醸成することを目的とした教育』」としています。具体的には、下記の 3 点があげられています。

　　・子どもの個々の教育的ニーズの多様性に配慮した教育を行うこと

　　・多様な見方や意見があることに気づく学びの場をもつこと

　　・集団生活の中でお互いを尊重し合い、認め合う態度や行動を育むこと

　ダイバーシティ教育の内容は、年齢や性別、国籍、障害の有無などにかかわらず、一人ひとりの個性を活かし、能力を発揮して活躍し、誰もが安心して暮らせる社会を実現するために必要な教育とされています。

　学習指導要領においても、特別な教育的ニーズは、以下のような広がりを見

せています。
- ・障害のある児童生徒への対応
- ・外国人児童生徒への対応
- ・学力・能力差への対応
- ・児童生徒の体質（アレルギーなど）への対応
- ・家庭の問題への対応
- ・学校教育になじめない児童生徒への対応

　誰もが安心して暮らせる社会は、一人ひとりの未来を切り開く上で必要です。多様性を尊重することで、これまで社会の中で十分に配慮されてこなかったマイノリティの人々も安心して暮らせることが求めています。多様な個性をもった人々が、辛く苦しい思いをせず、自分らしさを大切にし、それぞれの生き方を選択すること、自分に合った人生を歩めることがインクルーシブな共生社会の実現です。

　インクルーシブ教育は、障害のある子どもと障害のない子どもが一緒に学ぶ教育の仕組みです。インクルーシブ教育を推進するためには、多様な特別な教育的ニーズを理解し尊重し合う、ダイバーシティ教育の理念が必要なのです。日本におけるインクルーシブ教育システムは、連続性のある多様な学びの場を用意するとしています（図20）。

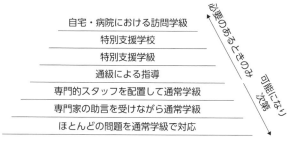

図20　連続性のある多様な学びの場（日本型インクルーシブ教育システム）

　特別な教育的ニーズの多様性に対応するためには、日本型インクルーシブ教育システムのあり方の再検討が必要になっています。

(7) 外在化問題行動と内在化問題行動

　小学校の通常の学級に在籍し、知的側面について顕著な遅れが認められないにもかかわらず集団適応が難しい児童への対応が教育現場では大きな課題となっています。例えば、小1プロブレムの課題では、東京都教育委員会の「小学校第1学年の児童の実態調査」(2009) が行われ、東京都の小学校の23.9%の校長先生が「入学後の落ち着かない状況がいつまでも解消されず、教師の話を聞かない、指示通りに行動しない、勝手に授業中に教室の中を立ち歩いたり教室から出て行ったりする」といったことを経験している、と回答しています。児童期に達しても情動や行動の自己調整が難しく集団適応が困難な不適応行動が起きていることが報告されていました。

　実際、集団適応が困難な子どもたちには大きく分けて2つのタイプが認められます。

　1つ目のタイプは、攻撃的ないしは非協調的、自己中心的な子どもです。他人の権利や感情を顧みない行動があり、仲間から拒否されたり回避されたりしやすく、好意的な社会的関係を育みにくい、「外在化問題行動」とされるタイプです。外在化問題行動を示す子どもは「わがままはやめなさい」「乱暴な性格を直しなさい」といったように注意されたり叱責されたりすることが多くなる傾向にあります。

　2つ目のタイプは、消極的、内気な子どもです。仲間からの働きかけへの反応が鈍かったり、自らの働きかけも少なかったりするため、自分の感情や要求、考え方をうまく相手に伝えられません。そのため対人関係に不安を生じ、好意的な社会的関係を育みにくく、社会的な場面を回避しようとする「内在化問題行動」とされるタイプです。内在化問題行動を示す児童は、つらいことがあっても表面的には明るかったり、静かで目立たなかったりするため、特に問題視されないことが多い傾向にあります。

　このような日常的な「できない自分」「うまくいかない自分」「わかってもらえない自分」を繰り返すたびにストレスを感じ、自尊感情が低下してしまうこ

とから、仲間集団に疎外感を感じるようになるのです。

　仲間から孤立するようになった子どもは、社会化するための施行の機会が制限されることにつながり、集団適応の難しさが強化されていくことが指摘されています（図 21）。

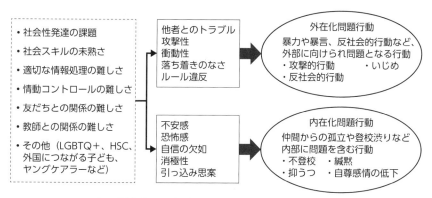

図 21　外在化問題行動・内在化問題行動の生起モデル
（Rubin et al., 1990 を参考に相澤が作成）

　集団適応が困難な子どもは、学年進行につれて挫折や失敗、叱責などの繰り返しにより感情や行動にゆがみが生じ、不登校や反社会的な行動といった、いわゆる二次的な障害に結びつくリスクが高いとされています。不適応感の積み重ねは大人になっても影響を及ぼし、抑うつ感、無能感、様々な依存症などの精神病理的問題につながることも知られています。

　また、相澤（2012）は、児童期に内在化問題行動が認められた場合、思春期以降に反抗的な態度や暴言などの外在化問題行動へと移行していくケースが少なくないことを報告しています。社会性発達のプロセスとして、継続的な不全感による自身の意識の変容が外在化問行動を生み出す要因となるのです。

(8) 外在化問題行動の発現

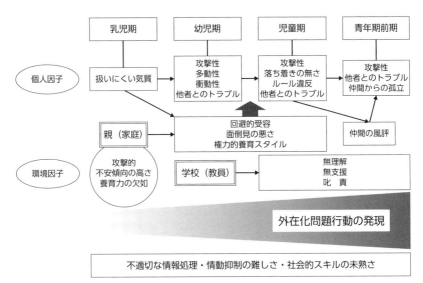

図 22　外在化問題行動の生起モデル
(Rubin et all., 1990（中澤，2009）を参考に相澤が作成)

　外在化問題行動は、年齢相応に状況に見合った行動コントロールが難しい様相を指します。集団の中で他者との関係づくりをしていくためには自己調整力が大きく関与します。自己調整力は他者とのやりとりを重ねることで習得されます。小学校中学年頃には物事を対象化し、距離をおいて分析することや、自分のことを客観的に捉えることができるようになります。同時に、仲間から受容されたいという要求が強くなります。仲間からの受容は、自己調整力を高めるための大きな原動力となります。

　一方で、挫折や失敗、叱責などの経験を数多く重ね、仲間からの受容もうまく得られなかった子どもは外在化問題行動を増長させることが知られています。外在化問題行動は、集団生活の中で目立つ行動のため支援を受ける契機にもなります。まずは大人（教師）がポジティブな関係を構築し、支持的に温かく接するサポートを行うことで行動上の問題が軽減していく可能性があります。

(9) 内在化問題行動の発現

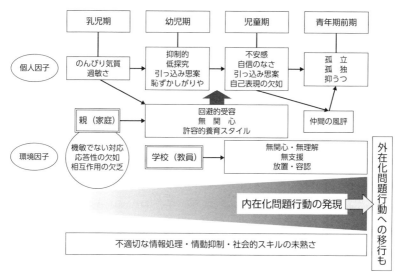

図23　内在化問題行動の生起モデル
(Rubin et all., 1990（中澤，2009）を相澤が作成)

　内在化問題行動は消極的あるいは内気で仲間からの働きかけへの反応が鈍く、自分の感情や要求、考え方をうまく相手に伝えられないことに起因します（図23）。しかし、周囲の者たちへの影響が微少であるため、表面的には問題のない子どもとして認知されやすく、支援につながりにくい状況となりがちです。

　仲間集団から孤立した子どもは、社会化するための試行の機会が制限されることにつながり、集団適応の困難さがより一層強くなっていくと考えられます。自ら集団に適応できない状況から受ける影響は否定的感情と自尊感情の低下であるとされています（リッチマン&レアリー，2009）。また、仲間集団に入りたいけれども入れず孤立することは悲しみや怒りなどの負の感情が生じることも知られています。

　こうした負の感情は、マイナス経験を重ねることで徐々に大きな歪みとなっていきます。そして外在化問題行動へと移行していくことがあるのです。

(10) 外的適応・内的適応と問題行動

　外的適応は、学級やグループなど周囲の社会的環境へ適応している状態です。しかし、自分の欲求を押さえ自分の行動を抑制することにより適応しているように見える状態の場合もあります。

　一方、内的適応は心理的側面の欲求が充足しており、心理的安定、満足感などが得られている状態です。しかし、自分の欲求に従って自分の思うままに行動していることにより精神的に安定している状態の場合もあります。

　図 24 は、外的適応と内的適応の関係を表しています。

		内的適応の側面	
		＋	－
外的適応の側面	＋	A	B
	－	C	D

図 24　外的適応と内的適応の関係

A 群：外的適応と内的適応の両側面で良好と捉えられます。集団適応において特に問題はないと考えられる群です。

B 群：外的適応の側面では良好と捉えられますが、内的適応の側面では問題があると捉えられます。外的適応と内的適応にズレがあり、集団適応に課題があると考えられる群です。内在化問題行動のある子どもたちの多くはこの群に属していると考えられます。

C 群：外的適応の側面では問題があると捉えられますが、内的適応の側面では良好と捉えられます。外的適応と内的適応にズレがあり、集団適応に課題があると考えられる群です。外在化問題行動のある子どもたちの多くはこの群に属していると考えられます。

D群：外的適応と内的適応の両側面で問題があると捉えられています。外的適応と内的適応にズレはないものの、集団適応に課題があると考えられる群です。外在化問題行動から反抗挑発症や行為症になったり、内在化問題行動から不登校になったりと二次的な問題に移行している子どもたちがこの群に属していると考えられます。

内在化問題行動のある子どもたちは、B群であることが多いと考えられます。消極的あるいは内気で仲間からの働きかけへの反応が鈍く、自分の感情や要求、考え方をうまく相手に伝えることができません。こうしたことから内的適応の側面でネガティブな感情をかかえ、不全感を強く感じている状態となります。やがて「孤立」や「不登校」といった外的適応の面でも困難を示しD群に移行していくことが考えられます。

外在化問題行動のある子どもたちはC群であることが多いと考えられます。衝動性が高いことや自己中心的な行動を取ることから外的適応の側面で困難といえます。しかし他者の意図が読めないことや自分の欲求に従って思うままに行動していることから内的適応の側面では安定していると考えられます。しかし、度重なる叱責による「自尊感情の低下」といった内的適応の面でも困難を示しD群に移行していくことが考えられます。

以上のように外的適応と内的適応、外在的問題行動と内在的問題行動との関係性が考えられます。これらは、社会性発達のプロセスに影響を及ぼすメカニズムとして重要な意味をもつと考えられています。

児童期から青年期前期にかけての社会性発達の不全は自己や他者に対する否定的な感情や敵意、攻撃性を強くするなど、その後の生活に大きな影響を与えます。

3 学齢期の社会性発達と社会化のエイジェント

(1) 社会化のエイジェント

　ある社会に生まれた子どもが、その社会の価値や規範を身につけ、それに基づきその社会の一員として行動できるようになるということは、社会性発達の目指す姿とされています。

　子どもに、その社会の中で生活していく上で適切だと考えられるモデルを示し、子どもの社会性発達のプロセスに影響を与える人々や組織を社会化のエイジェントと呼びます。乳児や幼児の生活が主として「子ども‐親」、または「子ども‐保育士」といった縦の関係を中核として営まれることに対して、児童期以降はそこに子ども同士の仲間関係が加わるようになってきます。

　子どもの社会性発達にとって重要な要素とは何かという問は、これまで様々な議論がなされてきました。例えばアッシャー＆パーカー（1989）は、仲間との経験は子どもの社会性発達にとってかけがえのないものであり、子どもたちが社会性発達に必要な知識やスキル、行動様式を学ぶ場は仲間関係の中にあるとしています。それは現代社会においても普遍的なものではないかと考えます。

　また、ハリス（2000）は「集団社会化説」を示し、子どもが社会に適応していくための行動規範として獲得すべき内容は仲間関係の中で育まれるとしています。それは以下のようなことです。

・自己理解を深め、他者の立場を理解した対応ができるようになること
・事の善し悪しの判断ができるようになること
・ルールに従うこと
・他人と関わるための能力や社会的コントロールを身につけること
・社会的価値観を獲得すること

　子どもたちの社会性は、自分から積極的に必要な行動様式や価値観を身につけ、仲間集団との同一化を図ろうとすることを通して育まれるのです。

(2) 学校は「小さな社会」

　学校は人間が築いてきた文化・伝統を学ぶ場としてだけではなく、社会性発達を促していく場としても重要な役割を果たします。デューイは、『学校と社会』（1899/1957）の中で「学校は小さな社会だ」と表現しています。学校はその地域社会の縮図的な要件を構造として内包しているとの認識に立っています。社会生活に向けて集団生活の経験を積み重ねることが学校の重要な役割だとしているのです。

　確かに、自分が選んだわけではない多様な人々と関わり、交流する学校のクラス集団の中で、喜怒哀楽の感情の起伏を経験していくことは、将来の大人としての社会生活を送る上で必要な組織の一員として過ごす基礎となる可能性は高いと考えられます。

　日本では学齢期になるとほとんどの子どもが小学校に入学し、一日の活動時間の大半を同年代の仲間たちと過ごすようになります。小学校1年生に入学すると、授業では椅子の座り方やお話の聴き方、発表では手を挙げて指名されてから答えること、それから廊下の歩き方や、他にも徐々に教室の掃除の仕方や給食当番の手順などを身につけていきます。集団生活の一員としての決まりや約束、規律と秩序について学ぶのです。その際には6年生がサポートに入るということが慣例となっています。

　学校では、他者をモデルとし、あるいは他者と協力し、実際の体験を通しながら自身の生活の充実へとつなげていくこと、他者と協力して何か目標を定めて取り組むことの大切さを感じていくことが重要だと考えられます。多様な人々が一緒に生活できる小さなコミュニティが構築されること、それは将来のインクルーシブな共生社会の創造につながると考えられるのです。

　児童期以降は学校で同じ活動を行い、過ごす時間が長くなるため、学校での「子ども－大人」の関係や「子ども－子ども」との関係が社会性発達を育む上で重要になります。

(3) 学校における「子ども－大人」の関係

　学校においての「子ども－大人」という関係の中核となる学級担任（学年教科担当）は、教科指導のみならず、子どもの仲間関係、あるいは情動発達や社会性発達に対して大きな影響を与える存在となります。とりわけ、集団適応に困難のある子どもについては、学級集団の中で個体特性への適切な配慮と人的環境の調整といった両側面からの支援が必要となります。

　学習活動を取ってみれば、日本はナショナル・カリキュラムとしての学習指導要領があり、教員はそれぞれの学年に示された学習内容を全て教授する義務があります。学習の遅れを示している子がいたとしても、学級全体の学習を進めていかなければなりません。休み時間や放課後、配慮された宿題などによって対応していくしかないのです。このような状況の中では「子ども－教師」の関係性がより一層大切になってくると考えられます。

　「子ども－教師」の相互作用を視点とした過去の研究には、教師の捉えと児童の適応感のズレについての検討の必要性を指摘したものがあります。例えば藤村・河村（2001）は児童と教師の意識のズレが、集団適応に困難をかかえる児童の発見の遅れにつながり、学級経営にマイナスの影響を及ぼすとしています。また、相澤（2008）は、学級担任と不登校傾向のある児童に同じ質問を行い「学級担任の児童観」と「児童の自己像」について調べたところ、学級担任の児童観と児童の自己像に差異が認められたことを報告しています。例えば、「友だちはたくさんいますか」や「自分に自信がありますか」の質問に、児童は「はい」と回答し、学級担任は「いいえ」と回答したとしています。児童の「自己像」と担任教師がクラス集団の中で捉える「児童観」とのズレが、児童のニーズと担任の配慮・支援とのズレにつながることに留意する必要があるのです。

　このようなズレが生じた場合、固定化された「子ども－教師」の関係では、その修正が難しくなり、社会化のエイジェントととしての役割を果たすことが困難となる場合があります。

また、河村（2000）は教師のビリーフ（信念）は、学級の子どもに強い影響を与えるとしています。成果を出すために目標の設定や計画の策定、メンバーへの指示や叱咤激励などが強化される目標達成機能（P機能：Performance function）と、学級集団の人間関係を良好に保ちチームワークを維持・強化する集団維持機能（M機能：Maintenance function）のどちらが優勢か、そのバランスによって子どもが影響を受ける学級風土は異なってくるとしています（図25）。

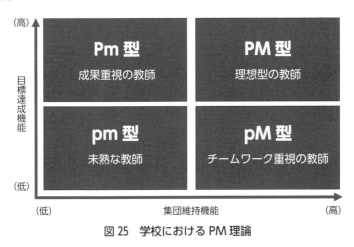

図25　学校におけるPM理論

PM型：P機能とM機能どちらにも強い教師像です。高い目標達成機能と集団維持機能の両方を兼ね備えており、計画力や管理力に優れている、学級づくりに力を発揮するタイプです。
Pm型：目標達成機能のP機能に長けているので、緻密な学習プログラムの作成や実践ができ、学習成果を上げることなどは可能ですが、集団を維持・強化するための子どもへの気配りやモチベーションアップといった集団維持機能は苦手なタイプです。
pM型：集団をまとめあげる集団維持機能に長けていますが、学習の成果を上げる目標達成に向けたプランニングや指導に関するマネジメント力が不足しています。いわゆる「なあなあの仲良し学級」になりやすいタイプです。

pm 型：目標達成機能と集団維持機能の両方に不安をかかえているタイプです。集団として目標を達成する能力も、集団を統率する能力も低いため、意識改革や日常的な研鑽が求められるタイプといえます。

　目標達成機能（P 機能）を高めていくためには、「ゴールの明確化」が必要となります。「今、自分が何を行えばよいのか」や「どこに向かっていくのか」といった今とこれからを明確に見通せるようし、メッセージとして児童生徒に発信することが大切です。

　また、集団維持機能（M 機能）を高めていくためには、「子ども – 大人」の円滑な人間関係を形成することや、個々の力を学級集団として統一していくマネジメント力が大切です。

　このように教員が学級集団に与える影響によって学級風土は変化していきます。教員と学級集団の間には「子ども – 大人」の双方向の相互作用が成り立っています。学級集団の子どもの状態は、教員の影響を受けて変化しますし、学級集団の子どもが変化することによって、教師自身のあり方にも影響が与えられ変化することとなります。

　教員の目標達成機能（P 機能）と集団維持機能（M 機能）により、学級集団の人間関係を良好に保ち、チームワークを維持・強化することが、個々の子どもの社会性発達を育むことにもつながると考えられます。

(4) チーム担任制の導入

　学校では「チーム担任制」という試みが広がっています。「子ども－教師」の関係の複線化といってもよいでしょう。

　図26のように、単級や複式の場合や複数学級の場合のようにバリエーションがあります。また、小学校では、2学年合同での授業や、教科担任制の導入、中学校では3学年合同での授業や学年団の教員が交代で朝と帰りのショートホームルームの担当を行うといったように、校種や学校規模、学級数、教員の年齢構成、児童生徒の学年などに対応した「チーム担任制」のあり方が試行されています。

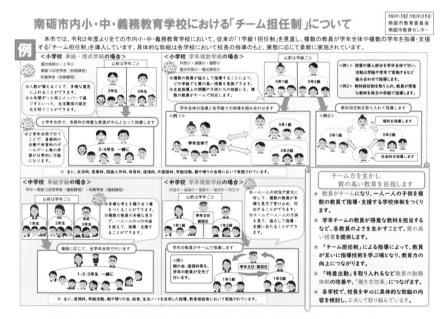

図26　南砺市入学説明会で配布された「チーム担任制」のリーフレット

　例えば、小学校で学年2クラスの場合、チーム担任制は次のようなシフトで行われることがあります。

Part 1　社会性発達と集団適応　　43

・今週の1組の担任はA先生、2組の担任はB先生、C先生は学年全体を見守ります。

・次の週は1組の担任はB先生、2組の担任はC先生、A先生は学年全体を見守ります。

3人の先生が2クラスをローテーションで担任する方式です。教える教科も分担し、A先生は理科と算数を担当し、B先生は国語と社会を担当するということも可能です。複数の視点から児童生徒を観察し共有することで多様なアプローチが実現できることや、仕事量の軽減化を図ること、授業準備に時間をかけられることで、質の高い授業提供が可能となります。

複数の教師が、子どもたちと関わりをもてるため「子ども-教師」の密接な関わりが増加します。子どもたちは複数の大人との相互作用が活性化することによる行動変容が期待されます。教師は、独りでクラスを観ることの責任・負担・不安の軽減化や、役割分担・共同作業による働き方の改革につながることで、こころに余裕をもちながら子どもたちに対応することができます。

チーム担任制の学校に子どもが通っている保護者は、以下のように話していました。

・子どもの担任は教員採用1年目の先生ですが、授業内容や学級経営などに偏りを感じず、学年全体でわが子を見てもらえている安心感があります。

・授業参観日もローテーションで授業をされているので、担当されている全員の先生のことを知ることができています。

保護者アンケートでもチーム担任制は高評価で、メリットを感じていることが多いということでした。

一方、チーム担任制のデメリットとしては、以下などがあげられています。

・個々の教員の教授方法や指導力に影響される学習習熟度の差

・子ども理解や教育方針の違いにより対応のあり方が異なってしまう懸念

・チームで共有化するため情報交換する時間の増加

・教員のチームワークがうまく構築できない場合の対応

(5) 学校における「子ども－子ども」の関係

　学齢期は社会性発達に影響を及ぼす社会化のエイジェントとしての機能が「子ども－大人」との関係に加えて、「子ども－子ども」の仲間関係へと拡大していく時期とされています。学校における学級集団は、基本的に同じ生活年齢にある子どもたちが効率的に学習指導を受けることを目的として編成されます。学級集団は、学校側が編成するフォーマルな集団ということができます。

　しかし、同じ学級集団に所属している子ども同士のかかわりは時間経過に伴って少しずつ深まり、その中に仲良しグループといったようなインフォーマルな集団が現れ、相互に影響を及ぼし合うようになります。子どもはこのようなフォーマルな集団とインフォーマルな集団とを行き来し、集団の解散と再編成を経験します。そして、集団の中で問題解決のための方法を模索したり、葛藤を経験したりしながら、集団適応のための情動表現や自己調整力を獲得していくのです。仲間関係を通して自己探究や、情動的な成長の支えになる文脈が供給されること、その学級集団に適応感が育まれるか否かということが、社会性発達に極めて重要な影響を与えることとされています。

表1　学校数の推移

	2015（平成27）年	2024（令和6）年	差
小学校	20,601	18,824	−1,777
義務教育学校	0	238	＋238
中学校	10,484	9,882	−602
中等教育学校	52	59	＋7
高等学校	4,939	4,774	−165

文部科学省学校基本調査を基に作成（令和6年度は速報値）

　表1に示されているように、学校数は減少しています。2015年と2024年を比較すると、小学校は1.777校、中学校は602校の減少です。少子化による学校の統廃合が進んでいるからです。「義務教育学校」（小学校・中学校一貫校）

Part 1　社会性発達と集団適応　　45

と「中等教育学校」(中学校・高等学校一貫校)の増加は、統合の結果です。近隣に学校のない地域が増えているということです。

統合されたある小学校では午前中の授業を5時間にしました(図27)。子どもたちが下校後、自宅の近所に友だちがおらず遊ぶことができないためです。午前中を5時間にすることで、午後スクールバスが出発するまでに時間を作り、子どもたちが友だちと遊ぶ時間を作ったのです。

保護者からは、「子どもたちはお腹がすきませんか」という質問があったそうです。校長先生は、「朝ごはんをしっかり食べさせてください」とお願いし、実現したとのことでした。

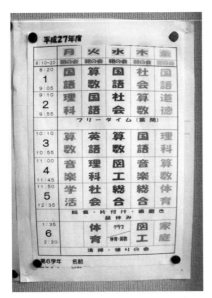

図27　午前5時間のタイムテーブル
(筆者撮影)

社会化のエイジェントとして仲間関係が果たす役割の重要性が指摘される中で、集団適応に困難をかかえる子どもの支援についても、当然のように個人だけでなくその個人を取り巻く人的環境の特徴を把握し、その調整を行うことが重要と考えられるようになってきています。

それは、学級集団の中で個に対する支援を意識しつつも、児童生徒の成長・発達に即した「子ども－子ども」、「子ども－大人」といった相互作用から集団の中の個としてのあり方の理解が求められているからに違いありません。子どもが学級集団の中で適応していくために求められる対応は、それまでの文脈や状況によって異なると考えられます。本来、社会化のエイジェントであるはずの仲間関係や教師との関係といった個を取り巻く人的環境から受ける影響により、集団適応に困難をかかえる子どもが現れるとするならば、児童期の社会性発達に関するメカニズムの一端がその中に潜んでいると考えられるのです。

(6) 情動コントロールと社会性発達

　子どもが、自身を取り巻く集団の中でうまく他者との関係づくりをしていくためには自己調整力が大きく関与しています。

　自己調整力には、ストレスが継続しないよう情動をコントロールすることや、その文化に特有のルールを獲得し適応した行動が取れるよう統制すること、達成基準を表象し自分の遂行している状況を把握し比較できることなどがあります。これらの自己調整力は乳幼児期から他者との相互作用を通した経験を積み重ねながら身につけられていきます。

　親密さが増すと、相手の視点と自分の視点をあまり区別しなくなります。長年連れ添った夫婦が「あれ」と言えば、何を指しているのかがわかるといったようなことです。

　ただ、このことには落とし穴があります。十分に自分の気持ちを伝えていないにもかかわらず、伝わっているはずだという思い込みが強く働くようになることもあるのです。例えば、チャット型アプリケーションの普及により情報量の少ない文章のやりとりでも自分の気持ちは伝わっていると思い込み、相手が十分な対応をしてくれないと「なんでわかってくれないの」「自分の気持ちが無視されている」といったような行き違いが起きやすくなります。このように自己と他者との間で起きるズレは被害者的意識といったネガティブな情動を萌芽していくと考えられています。

　ポジティブな情動にある人間は、ネガティブな人間よりも高い目標設定を行い、目標を達成することへの自信があることから、行動が積極的で他者とも協調的であることが知られています。情動は個人の中で適応的な機能の発動ばかりではなく、その表出を通じて他者との社会的相互作用に影響を及ぼしています。

　一方、ネガティブな情動である怒りやいらだちを感じている人は、相対的に他者のいらだちや不快感の表出に敏感になります。また、ポジティブな情動表出を不快に感じたりするようになるとされています。

Part 1　社会性発達と集団適応　47

例えば、ネガティブな情動が頻出し蓄積されている学級集団では、ネガティブな対人認知や対人行動パターンが徐々に固定化されていきます。学級集団の中で示されるネガティブな情動表出により、学級集団の中での個々の子どものパーソナリティもネガティブな方向で確立していく可能性が高いのです。固定的な関係性の展開により子どもの情動表出が規定されていくのです。

　日常的な経験の積み重ねから生まれた片寄りは、学級集団においての「子ども－子ども」や「子ども－大人」の相互作用の中でズレを生じる要因となることが集団適応の困難を検討する上で重要な視点となると考えられています。

　近年は情動予測の検討も進められています。私たちは意志決定を行う際、予期される結果を想定しながら行っているとされています。例えば、望ましくない情動予測の場合、その状況を避けようとする行動制御が起きます。学校で学習内容が理解できなくなり、ネガティブな情動が想定されると、登校渋りや授業中に寝るなどの消極的な行動が積み重なるようになります。このような負のスパイラルに陥ってしまうと子ども自身の力だけで抜け出すことは困難となります。

　私たちが他者のパーソナリティを評価するとき「いつもニコニコしている人だ」とか「すぐに怒る人だ」といったようにその人の情動的特性に影響を受けることが多くなります。このようなことから個人が表出する情動と各種パーソナリティ特性との間には密接な関連があると考えられます。

　情動表出は理性や認知と協調的に結びつき、人間の社会的適応を支えるものと認識されています。

(7) 子どもの愛着と社会性発達

ボルビー（1953）が「母性的養育の剥奪（Maternal Deprivation）」の概念を公表して以後、子どもの社会性発達に関連する理論としてアタッチメント理論が注目を集めるようになりました。ボルビー（1969/1982, 1973, 1979）は、アタッチメント理論をパーソナリティの生涯発達に関する総合理論として捉え、乳幼児期から形成される養育者との持続した温かい関係、特に温かい母子関係は生涯を通じて対人関係の基礎となるとしています。

養育者と密着し身近に身を置くことでネガティブな情動を低減するための行動調整システムを形成し、それが児童期にも大きな影響を与えるとしています。これらの考えは、社会性発達の関心の中心が長い期間幼児期にあったことや、家族との相互作用が問題行動との強い相関関係があるとされてきたことに大きな影響を与えています。

ハーロー（1958）がサルに対して行ったミルクを与えてくれる針金ママと布で覆われている布製ママとの研究は、愛や愛情が子どもにとっての一次的な要求であり、飢えや渇きといった生命にかかわる生理的な欲求以上に強いものであることを示しました。ハーローはそれ以前の研究でサルを人間の手で育てることを行っており、柔らかい安心できるものとの密接な関わりがないと万全なケアを行っても体調を崩してしまうことを報告しています。ハーローが示した、愛や愛情が子どもにとっての一次的な要求であるという研究は、男性が子育てに参画することに大きな影響を与えるとともに養子縁組や里親といった制度に対しても明るい福音となりました。このような文脈の中で、アタッチメント理論は親の養育行動についての研究にも大きな影響を与えたのです。

例えば、バウムリンド（1971）は養育スタイルの研究で、応答性と統制の2つの次元を取り上げています。応答性とは子どもの意図や欲求に対応したことばがけや身体表現によってその意図を充足させていこうとするボトムアップの方策です。統制とは親が子どもにとって望ましいと考えられる行動を子どもの意志とは関係なく決定し強制するといったトップダウンの方策です。バウムリ

ンド（1971）は、応答性と統制による養育スタイルを3つに分類しています（表2）。

表2　応答性と統制による養育スタイル

養育スタイル	応答性	統制
権威的（Authoritative）養育スタイル	＋	＋
権力的（Authoritarian）養育スタイル	－	＋
許容的（Permissive）養育スタイル	＋	－

　バウムリンドは、応答性と統制の両方が高い親を権威的（Authoritative）、応答性が低く統制が高い親を権力的（Authoritarian）、応答性が高く統制が低いものを許容的（Permissive）と分類しています。中でも権威的な養育スタイルが、子どもの知的・社会的発達を最もよく促すとしています。このようにアタッチメント理論に関する研究は、母子関係のあり方から始まり、父子関係へのあり方の検討につながるといったように、その多くは親子の関係を中心として、子どもの社会性発達に直接的な影響を与えると考えられています。

　しかし、その一方でレジリエンス（Resilience）の研究があります。レジリエンスとは、劣悪な生育環境、貧困、ネグレクトなど、発達にリスクのある環境で育った子どもであっても、それに影響されず良い適応を示す能力のことです。ワーナー（1989）は、1955年カウアイ島で生まれた698名の中の貧困や親の不和、アルコール中毒などのリスク要因のある201名について縦断研究を行いました。子どもの約60％（129名）は、10歳までに学習や行動上の問題を起こし、18歳までには非行や精神疾患、妊娠などの問題行動を起こしましたが、30％を越える72名の子どもたちは、健全な青年として成長を遂げたと報告しています。健全な成長の要因として、家庭内の規律がしっかりしていることの他に、家庭外に親友がいたこと、家庭が混乱したときに支えてくれる学校の先生などがいたことをあげています。

　家庭における親子関係とともに、学級集団における仲間関係や学級担任との関係のあり方が社会性発達に大きな影響を及ぼすと考えられています。

(8) ブロンフェンブレンナーの生態学的モデル

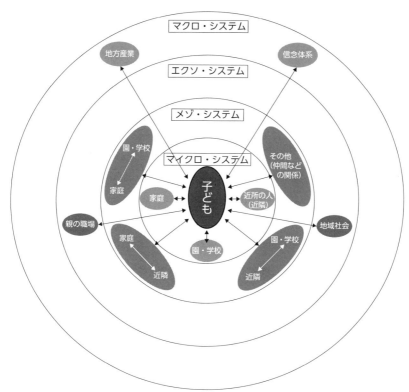

図 28　ブロンフェンブレンナー（1979）の生態学的モデル
(村田，1990 を参考に相澤が作成)

　ブロンフェンブレンナーは、子どもの社会性発達は成長していく個人としての子どもと、環境との相互作用によるとし生態学的モデル（図 28）を示しました。子どもを取り巻く常に変化し影響を与え合っている環境を生態学的環境と呼び、子どもが環境から受ける影響（生態学的要因）の理解を同心円状の構成から示しています。
　まず、子どもに隣接している円が構成している社会的構造がマイクロ・シス

テム（Microsystems）です。マイクロ・システムは子どもが直接相互作用する場における個人の経験を示しています。家庭や学校などにおける活動や対人関係がマイクロ・システムを構成する要素であることから、学級集団はまさしくマイクロ・システムを構成する重要な要素といえます。小学校の学級集団は一定期間固定される性質のものであるため、仲間関係のありようによって受ける影響は大きく異なります。集団適応に困難をかかえてしまった子どもは、学級集団でのマイナス経験を積み重ねることにより、自らの力でそれを改善に向けていくことが難しくなるため支援が必要となるのです。

また、子どもが直接相互作用する場である家庭や園・学校などは、行動場面と呼ばれます。子どもと行動場面は相互に影響し合っています。マイクロ・システムの活動や対人関係を、家庭と保育園での食事場面を例にして示してみましょう（図29）。子どもは家庭と保育園、その両方から刺激を受けますが別々に影響されています。その外側がメゾ・システム（Mesosystems）です。家庭と保育園の双方が相互作用し、子どもに影響を与える関係となります。このメゾ・システムに対応することができるようになれば、外食やピクニックなどといったように行動範囲が広がっていきます。

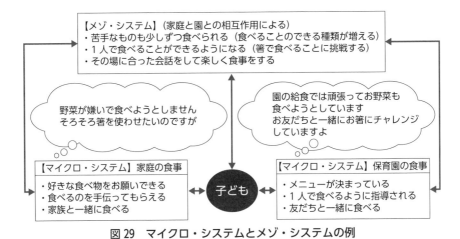

図29　マイクロ・システムとメゾ・システムの例

更にその外側を囲む社会的構造がエクソ・システム（Exosystems）です。子ども自身は直接かかわらないのですが、子どもの行動場面に影響を与える部分を示しています。例えば母親が地域の料理勉強会に参加し、学んだ料理を家庭で提供するといったことや、父親が行った店の料理を写真で見せることなどにより知見が広がることなどがそうです。

　最も外側はマクロ・システム（Macrosystems）です。文化やイデオロギー、宗教など子どもが育つ社会を支えています。「文化的青写真」とも呼ばれ、所属している社会の慣習や人々が身につけている暗黙の了解、政治的・経済的体制などです。この影響も双方向的です。

4 移行期と集団適応との関連

(1) 幼稚園・保育所・子ども園から小学校への移行

　もうすぐ小学校に入学間近となった子どもは、ランドセルを背負ったり、ノートや筆入れを入れてみたりして、入学式を心待ちにしています。

　小学校に入ると勉強が始まることや、知らない友だちと一緒のクラスになるかもしれないことなどを何となく知っていて、不安と期待が入り交じっています。幼稚園や保育所では年長児としてリーダーとしての自覚が芽生え、役割を果たしてきたにもかかわらず、小学校では最年少でお世話をしてもらう立場に逆戻りしてしまいます。小学校には新しい文化があり、求められる生活態度も異なってくるからです。子どもたちは、小学校への入学により異文化への移行を経験することとなります。

　学校は園や家庭と異なるコミュニケーション構造があるとされています。それまでの園や家庭と学校で用いられる表現と異なる、学校がもつ固有のコミュニケーション方法を学習し、適応することが求められるのです。小学校１年生の子どもが経験するコミュニケーション上の課題として、次のようなことがあります。それまでは「おかあさん、雨」や「先生、雨」でも伝えたい内容が十分に満たされてきたのですが、学校の授業場面においては「先生、雨が降ってきました」といったような表現を求められるのです。「○○さんに質問があります」や「○○さんの意見に賛成（反対）です。それは○○だからです」といったような定型的な発表様式が黒板の上などに掲示されています。休み時間と授業中で、２元的なコミュニケーション言語を使用しなくてはなりません。

　小学校１年生の学習進度は従来から比較的ゆったりと設定されており、生活面でのリズムづくりに時間をかけるといった配慮がなされています。幼児期は遊びを中心とした主体的・自発的な活動により、豊かな生活経験を通して自らの成長・発達を確信し、自己肯定感を高めていく大切な時期でした。小学校１

年生の時期は、幼児期のその心理状態を保ちながら、統制された意図的な集団行動が取れるよう、より丁寧な指導・支援が必要な時期になっているといえましょう。

1990年代後半頃から、小学校1年生が授業中に落ち着かず、騒いだり立ち歩いたりして学習が成立しない事象が問題となるようになりました。この問題は「小1プロブレム」と呼ばれています。

この問題が指摘された当初は、幼稚園や保育所の自由保育の影響で集団規律が十分に身についていないとの見解が示されたことがありました。しかし、この問題の背景には、複合的な要因があることが指摘されています。

- ・子どもや家族を取り巻く社会環境の変化
- ・子ども自身の人間関係を築く力の未形成
- ・子どもの自尊感情の低下
- ・就学前の教育と入学後の小学校教育との間に教育方法と内容の段差

そうした中で「幼児期の終わりまでに育ってほしい姿」を手掛かりに、幼保小が一緒に子どもの姿から話し合うことをコンセプトとして「幼保小の架け橋プログラムの実施に向けての手引（初版）」（文部科学省, 2022）が作成されました。

架け橋プログラムの内容としては「幼児期から児童期の発達を見通しつつ、5歳児のカリキュラムと小学校1年生のカリキュラムを一体的に捉え」ることや「架け橋期に園の先生が行っている環境の構成や子供への関わり方に関する工夫を見える化」することなどがあげられていました。「小学校との連携の取組を行っている園が約9割に上る」ことが成果としてあげられていました。

子どもは児童期になると学校という場への適応を求められます。

このように、2元的な生活状況をすり合わせ、児童期に入ると子どもは幼児期の親子関係中心の生活から仲間関係中心の生活へと移行していきます。また、心理的にも親から自立し、規範の中心として先生の話すこと、仲間関係の中でのつながりが心理的基盤となっていくのです。

(2) 小学校から中学校への移行

　中学校に入学して部活動や新しい環境での生活を満喫する子どもがいる一方で、中学校の生活になじめず登校渋りや不登校になる子どもが増加することが知られています。児童生徒の問題行動や不登校などの実態を調査した「令和 5 年度　児童生徒の問題行動・不登校等生徒指導上の諸課題に関する調査結果の概要」（文部科学省，2024）によれば、病気や経済的理由を除き、心理・社会的な要因などで小中学校に年 30 日以上登校しない不登校児童生徒数は、過去最多の 34 万 6,482 人となり、前年度から 47,434 人（15.9％）増加しています。不登校数の増加は 11 年連続となっており、2023（令和 5）年度、初めて 30 万人を超えました（令和 4 年度は 29 万 9,048 人）（図 30）。

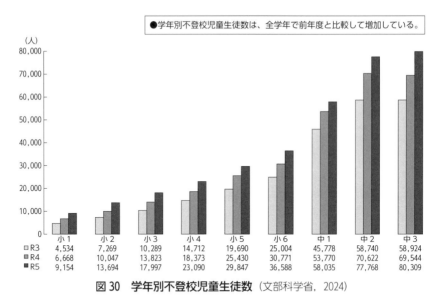

図 30　学年別不登校児童生徒数（文部科学省，2024）

　中学校 1 年生が人間関係や勉強の壁にぶつかって環境になじめない様子は、いわゆる「中 1 ギャップ」として注目されてきました。「中 1 ギャップ」の原因としては、学級担任制から教科担任制への移行にともなう学習面でのつまず

き、部活動が始まることによる生活リズムの変化、心身ともに著しく成長する子ども自身のとまどい、違う学校から集まってきた子どもと友だちになるための社会的スキルの欠如などが指摘されています。

中1ギャップが起きる要因として、心の成長の幼稚化・未熟さが顕在化し、「心と体のアンバランス」の度合いが強くなったのではないかと考えられています。小学校5年生から中学校2年生頃は思春期となり、第二次性徴や反抗期、自分探しの旅と言われるようなアイデンティティの確立、このような様々な葛藤や心身のアンバランスな時期を迎えています。そこに小学校から中学校への移行という"段差"が生じるために問題が起きやすい状況が生まれていると考えられるのです。

人生のターニングポイント（就学、進学、転職、転校など）によって環境が大きく変わることを「環境移行」と呼びます。環境移行は、大げさに言えば人生の岐路です。「期待と不安が入り交じった複雑な気持ち」は、正にこの環境移行の際に起きるものであり、そうした経験を乗り越えていくことで社会化が育まれていくと考えられています。乗り越えられることが自信となり、新しい環境や出会いに順応できた自分自身の成長を感じることができます。その一方でうまく適応できなかった場合、そこに所属している間に感じる不全感は尾を引くことが多く、危機的状況をはらんでいます。

小中一貫校や義務教育学校が創設され、小学校高学年で教科担任と学級担任による授業がティームティーチングで行われたり、小学校6年生の隣の教室を中学校1年生の教室にして交流できるようにしたりするといったように小学校と中学校の段差をなくす取り組みが進められています。

また、文部科学省は、不登校により学びにアクセスできない子どもたちをゼロにすることを目指すとして、2023年（令和5）年にCOCOLO（こころ）プランを取りまとめました。COCOLOプランでは全国に「学びの多様化学校（いわゆる不登校特例校）」を300校程度設置することを目指すとしています。2024（令和6）年現在では全国に35校設置されており、今後も増えていくこととなっています。

(3) 中学校から高等学校への移行

　特別支援教育が開始されたばかりの頃です。高等学校を巡回相談で訪れる機会がありました。対応してくださった高等学校の先生は開口一番「うちの学校に発達障害の生徒はいませんよ。入学試験を受けて入学してきていますから」と話されたことを印象深く覚えています。発達障害の理解が十分に広がっていない時代背景を象徴しています。その内、生徒指導の話になりました。その高校では生徒指導の対象となった生徒に対して「特別課題」と称するものを課しているという話題でした。特別課題とは家で10枚程度のレポートを作成し登校した際に提出し、学校でも10枚程度のレポートを作成し帰る際に提出するといったものでした。それを1週間程度行い、レポート提出の課題が達成できないと退学の対象となってしまうという話でした。生徒指導の対象となる生徒には多様な原因・背景があると思われますが、「発達障害（神経発達症）、多動性や衝動性、あるいは限局性学習症（学習障害）の特性のある生徒であった場合どうなのだろう。課題達成できるのだろうか」「発達障害の理解が進んでいない中で生徒指導の対象となり、特別課題に苦慮したケース、あるいはやむを得ず退学となってしまったケースがなかったのだろうか」と考えてしまいました。

　高等学校は義務教育ではないことから、入学試験、単位認定・卒業認定といった発達上の課題のある子どもたちにとっては大きな課題となることがあります。単位認定においては、発達上の課題があるからといってダブルスタンダードを設定することの難しさについては時々話題とされることです。義務教育段階とは異なる方策で特別な教育的ニーズのある生徒への支援体制を構築していく必要があります。

　高等学校にはその教育課程から大きく分けて定時制課程、通信制課程、全日制課程があります。また、それぞれの課程には「普通科」、「専門学科（職業学科）」、「総合学科」の3タイプがあります。さらに、「学年制」と「単位制」があります。中学校から高等学校へ進学する際は、こうした中から自分にあった

学校を選択するのです。義務教育と比較すると選択の幅は広がりますが、入学できたからといって、前述したように単位を取得しなければ卒業できる訳ではありません。また、近年の課題として少子化の影響からか定員割れを起こしてしまう高等学校が出てきています。定員の削減などで対応を図っているものの、公立の高等学校は数年定員割れが続くと統廃合の対象となってしまうそうです。高等学校の学力は、学校ごとに大体輪切りの状態になっているのですが、定員割れを防ぐために、多様な生徒の入学を許可することとなっているのが実状です。特に過疎化の進む地域では深刻な問題となっています。

　高等学校の通級指導教室の検討はこれまでも数々の施策として取り組まれてきました。

　まずは 2009（平成 21）年の時点から、特別支援教育の推進に関する調査研究協力者会議に高等学校ワーキング・グループが設置され、その報告「高等学校における特別支援教育の推進について」において、通級による指導について触れ、将来の制度化を視野に入れるという形で初めてその可能性に言及されていました。

　また、文部科学省は 2014（平成 26）年から実施された「高等学校における個々の能力・才能を伸ばす特別支援教育事業」の研究指定校の取り組みを『高等学校における「通級による指導」実践事例集』（文部科学省，2017）としてまとめられています。

　そして、2018（平成 30）年に高等学校における通級による指導が制度化されました。中学校で通級による指導を受けていた生徒数が増加したことなどがその理由です。高等学校でも通級による指導が受けられるようになりましたが、実際は通級による指導を実施している高等学校はまだまだ少ないのが実状です。

　「新しい時代の特別支援教育の在り方に関する有識者会議　報告」（文部科学省，2021）では、「高等学校における学びの場の充実」として以下があげられています。

　・通級による指導の充実等に向けた指導体制の確立

・個別の教育支援計画等を活用した義務教育段階との丁寧な引継ぎによる、合理的配慮の提供など特別支援教育の充実

・特別支援学校や就労関係機関と連携した発達障害（神経発達症）等のある生徒の就労支援等の充実

「個別の指導計画」「個別の教育支援計画」の活用により、中学校から高等学校への連絡が行われるようになりました。合理的配慮により、入学試験の際の「別室受験」や「試験時間の延長」などの措置が行われるようになっています。

　高等学校の生活に馴染めず退学をしてしまった生徒は、その後どこにもつながらず「ひきこもり」や、NEET【ニート：Not in Education, Employment, or Training：学んでおらず、雇用されてもいず、何の職業訓練も受けていない（15歳から34歳の人）】となる危険性が高いとされています。生徒の多様化、社会への出口ということを考えますと、高等学校において特別な教育的ニーズへの理解・対応を充実していく必要があると考えます。

　さて、注目される取り組みがあります。障害者活躍推進プラン概要（文部科学省，2020）では、障害のある人の大学等の学びを支援する「高等教育の学びの推進プラン」を推進しています。障害のある学生がその意欲と能力に応じて大学等で学べる機会を確保することができ、多様な価値観や様々な経験をもつ学生が相互に刺激を与えながら切磋琢磨するキャンパスの実現を目指すとしています。

①大学間連携等による障害学生支援体制の強化

②障害学生支援の好事例やロールモデルの収集・展開

③学生に対する「心のバリアフリー」の取組の促進

④大学等の執行部等に対する合理的配慮等についての周知啓発

　障害があったとしてもサポートを受け学ぶことのできる機会が増えることは、知見や資格を得て夢を実現させることに向けた希望につながることです。インクルーシブな共生社会の実現のためになくてはならない施策だと思います。

　共生社会の実現に向けた取り組みということでは、大阪の高等学校で特徴的な取り組みが行われています。2000（平成12年）に大阪府教育委員会は大阪

府学校教育審議会に入試における「適格者」選抜制度との関連し「知的障害の
ある生徒の後期中等教育の充実方策について」を諮問し、大阪府立高校5校と
大阪市立高校1校を調査研究校に指定したことが発端です。2005（平成17）
年、その調査研究を「高等学校における知的障害のある生徒の受入れ方策につ
いて（答申）」としてまとめ、「知的障害生徒自立支援コース」と「共生推進教
室」の設置につなげました。「知的障害生徒自立支援コース」は、高等学校の
カリキュラムや授業内容を工夫し、知的障害のある生徒が学び、障害のあるな
しに関わらず高校生活を送り、交友を深めていくコースです。これは高等学校
における特別支援学級といえるものです。また「共生推進教室」は、職業学科
を設置する府立知的障害高等支援学校の共生推進教室を府立高等学校に設置
し、高等支援学校の生徒が、高等学校の生徒とともに学び、交友を深めていく
コースです。『高等学校におけるともに学び、ともに育つ教育』（大阪府教育委
員会，2024）によれば「知的障害生徒自立支援コース」（府立高校9校、市立
高校2校に設置）では高等学校の卒業証書を授与されますが、「共生推進教室」
（府立高校10校に設置）は職業学科を設置している知的障害高等特別支援学校
の卒業証書並びに共生推進教室を設置した府立高等学校からともに学んだこと
を示す証書が発行されるとのことです。

　知的障害のある生徒たちと障害のない生徒との学びや交流を通して、自立心
や社会性など、集団の中で生活する力をつけていくことや、周囲の生徒たち
も、知的障害のある生徒とともに学ぶことを自然に捉え、お互いを尊重し、支
え合う姿勢を育むこととしている特徴ある取り組みです。

　近年他の自治体においても、高等学校の定員が削減され空き教室が増加し、
一方で特別支援学校高等部の入学者が増加していることもあり、高等学校の空
き教室に特別支援学校高等部の分教室が設置されることが増えてきました。共
生社会の実現に向けた取り組みとして注目されるものです。

参考文献

相澤雅文（2004）「高機能広汎性発達障害児（者）と「不登校」「ひきこもり」の臨床的検討」障害者問題研究，32(2)，147-156.

相澤雅文（2008）「不登校児の背景にある発達障害への取り組み」本郷一夫編『子どもの理解と支援のための発達アセスメント』有斐閣，174-185.

相澤雅文（2012）「集団適応に困難をかかえる児童の社会性発達に関する研究」東北大学博士論文

相澤雅文（2021）「小学生・中学生の楽しみと安心に関する調査研究—子どもたちの Well-Being を育むために—」発達支援学研究，2(1)，31-40.

相澤雅文・本郷一夫（2010a）「集団適応に困難をかかえる児童とその支援に関する研究—小学校1年～3年の学級担任への調査から—」LD 研究，19(2)，135-146.

相澤雅文・本郷一夫（2010b）「「気になる」児童の行動変容と支援との関連—「気になる」児童のチェックリストと心理尺度「Q-U」を通して—」京都教育大学紀要，117，115-127.

相澤雅文・本郷一夫（2011）「「気になる」児童の学級集団適応に関する研究—「気になる」児童のチェックリストと hyper-QU を通して—」LD 研究，20(3)，352-364.

Asher, S. R., & Parker, J. G. (1989) The significance of peer relationship problems in childhood. In B. H. Schneider, G. Attilt, J. Nadel, & R. P. Wiessberg (Eds.), Social competence in developmental perspective, 5-23. Netherlands: Kluwer Academic Publishers.

Baumrind, D. (1971) Principles of Ethical Conduct in the Treatment of Subjects: Reaction to the Draft Report of the Committee on Ethical Standards in Psychological Research. American Psychologist, 26, 887-896.

Bowlby, J. (1953) Child Care and The Growth of Love. Pelican Books. Baltimore, MD. Based upon the World Health Organization (WHO) Report Maternal Care and Mental Health. by Bowlby, J. (1951). 182.

Bowlby, J. (1973) Attachment and loss. Vol 3: Loss: Sadness and depression. New York: Basic Books (reissued, 1999).

Bowlby, J. (1979) The making & breaking of affectional bonds. Tavistock Publications (London).

Bowlby, J. (1982) Attachment and loss. Vol. 1: Attachment (2nd Ed.). New York: Basic Books (new printing, 1999, with a foreword by Allan N. Schore; originally published in 1969).

Bronfenbrenner, U. (1979) The ecology of human development. Harverd University Press.

Cole, P. M. (1986) Children's spontaneous controlof facial expression. Child Development, 57, 1309-1321.

Dewey. J. (1899)『学校と社会』．〔宮原誠一訳（1957），岩波書店〕．

浜田寿美男（2009）「発達心理学の制度化と人間の個体化」発達心理学研究，20(1)，20-28.

Frey, C. B., & Osborne, M. A. (2017) The future of employment: How susceptible are jobs to computerisation?. Technological forecasting and social change, 114, 254-280.

藤村一夫・河村茂雄（2001）「学級生活に対する児童認知とそれを推測する担任教師の認知とのずれについての調査研究」カウンセリング研究，34(3)，284-289.

Gordon, S. L. (1989) The socialization of children's emotions: Emotional culture, competence, and exposure. In C. Saarni, & P. L. Harris (Eds.), Children's understanding of emotion (pp. 319-349). Cambridge University Press.

Harlow. H. F. (1958) The Nature of Love. American Psychologist, 13, 673-685.

Harris, J. R. (2000) Socialization, personality development, and the child's environments. Developmental Psychology, 36, 699-710.

発達障害者支援法（2004／2016 改訂）

本郷一夫編著（2006）『保育の場における「気になる」子どもの理解と対応』ブレーン出版

本郷一夫（2016）「アセスメント結果の共有を通した発達支援」発達，37(147), 14-19.

本郷一夫（2023）「発達の理論と支援の基礎 ―「発達的観点」に基づく人の理解と支援―」臨床発達心理認定運営機構 資格更新研修会資料

河村茂雄（2000）『教師特有のビリーフが児童に与える影響』風間書房

鯨岡峻（2005）「「関係発達」について」小林隆児・鯨岡峻編著『自閉症の関係発達臨床』日本評論社，2-5.

中澤潤（2009）「幼児期の発達上の問題」『発達心理学の最先端 認知と社会化の発達科学』あいり出版

文部省（1971）「養護学校学習指導要領」

文部科学省（1999）「養護学校学習指導要領」

文部科学省（2012）「「共生社会の形成にむけた」インクルーシブ教育システム構築のための特別支援教育の推進（報告）」

文部科学省（2014）「高等学校における個々の能力・才能を伸ばす特別支援教育事業」

文部科学省（2015a）「学校基本調査」

文部科学省（2015b）「教育課程企画特別部会 論点整理」

文部科学省（2017a）「小学校学習指導要領」

文部科学省（2017b）「高等学校における「通級による指導」実践事例集」

文部科学省（2017c）「特別支援学校幼稚部教育要領及び特別支援学校小学部・中学部学習指導要領」

文部科学省（2020）「障害者活躍推進プラン概要」

文部科学省（2021）「新しい時代の特別支援教育の在り方に関する有識者会議 報告」

文部科学省（2022）「幼保小の架け橋プログラムの実施に向けての手引（初版）」

文部科学省（2023）「COCOLO（こころ）プラン」

文部科学省（2024a）「学校基本調査」

文部科学省（2024b）「学年別不登校児童生徒数」

OECD（2015）'Skills for Social Progress: The Power of Social and Emotional Skills. OECD Skills Studies. OECD Publishing.

大阪府教育委員会（2005）「高等学校における知的障害のある生徒の受入れ方策について（答申）」

大阪府教育委員会（2024）「高等学校におけるともに学び、ともに育つ教育」

Richman, L. S., & Leary, M. R.（2009）Reactions to discrimination, stigmatization, ostracism, and other forms of interpersonal rejection: A multimotive model. Psychological Review, 116, 365-383.

Rubin, K. H., LeMare, L. J., & Lollis, S.（1990）Social withdrawal in childhood: Developmental pathways to peer rejection. In S. R. Ausher, & J. D. Coie（Eds.）, Peer rejection in childhood, 217-249.

Saarni, C.（1979）Children's understanding of display rules for expressive behavior. Developmental Spychology, 15, 424-429.

Saarni, C.（1984）An Observational Study of Children's Attempts to Monitor Their Expressive Behavior. Child Development, 55(4), 1504-1513.

Saarni, C.（2000）Emotional competence: A developmental perspective. In R. Bar-On, & J. Parker（Eds.）, Handbook of emotional intelligence, 68-91. San Francisco: Jossey-Bass.

齊藤万比古（2010）『発達障害が引き起こす二次障害へのケアとサポート』学研.

Maier, S. F., & Seligman, M. E.（1976）Learned helplessness: Theory and evidence. Journal of Experimental Psychology: General, 105(1), 3-46.

東京都教育委員会（2009）「小学校第1学年の児童の実態調査」

上野一彦（2002）「展望：特殊教育から特別支援教育へ（特集特別支援教育と LD）」LD 研究，10(2),

82-86.

渡邉健二・大久保賢一・竹下幸男・深田将輝（2017）「日本の小学校における「ダイバーシティ教育」に関する調査」畿央大学紀要，14(2), 25-40.

Werner, E. E. (1989) High-risk children in young adulthood: a longitudinal study from birth to 32 years. American Journal of Orthopsychiatry, 59(1), 72-81.

Part 2

事例から考える
集団適応の課題と対応

幼児期
学齢期（小学校・中学校・高等学校）

幼児期

1 「いたずら」の度がすぎる子ども

　子どもの行動や情動を調整する力は、個々の中に閉じて成長発達するのではなく、養育者や保育者、そして友だちなどの他者との関係を通して育まれると考えられています。自分自身の行動や感情を調整する感覚の育ちは、周囲の環境へ順応性を高めるだけではなく、自己有用感にもつながっていきます

　さて、「いたずら」といった行動は、幼児期ならずとも他者との相互作用からの影響を受けて行われます。「いたずら」に対する周囲の反応が、その行動を助長したり、抑制したりする作用があるからです。意地悪をするためのいたずらもあれば、気を引くためにわざと行ういたずらもありますよね。

　「いたずら」という行為は、その子どもの発達段階からその意味を考えてみる必要があります。

事例紹介──先生からの相談

　MASATO（仮名）さんは3歳の男子です。この頃、お昼寝の後の畳んだ布団へ繰り返しダイブすることや、わざと雨上がりの水たまりでジャンプする、といったいたずらが増えています。他児とぶつかることや、水で洋服をよごしてしまうこともあって困っています。

　「やめなさい」と注意しますがなかなかやめません。というよりは注意すると一層いたずらが激しくなる傾向にあります。私自身もだんだんとイライラしてきてしまい、何度も「やめなさい」と大きな声で繰り返してしまうことがあり、自己嫌悪に陥る……、ということも度々です。

　どのように理解し対応していったらよいのでしょうか。

66

先生とお話ししたこと

★ MASATO さんの発達段階から理解する

　MASATO さんは 3 歳でしたね。3 歳児はある程度の社会性が育ち、物事の善悪も理解し始めている時期です。2 歳頃にあるイヤイヤ期の自分でやってみたい行動とは少し質が異なると考えられます。

　MASATO さんのいたずらと受け止められる行為は、「仮説」を立てて「実証」している行為かもしれません。例えば、畳んだ布団へ繰り返しダイブする行為は、床で転ぶと痛いのに布団の上では痛くない。ダイブしても痛くないのではないかという仮説を立て実証しているのかもしれません。わざと雨上がりの水たまりでジャンプする行為は、水たまりに足を入れると水が飛ぶ、強い力で踏んだらもっと飛ぶのではないかという仮説を立て実証しているのかもしれないのです。「なぜだろう？」「こうしたらどうだろう！」という興味・関心が動機となって自ら取り組み、積み重ねた体験は、後々の探究心や主体的な行動につながると考えられています。子どものいたずらは学びの入口となっていることがあるのです。

　MASATO さんはこの行為を通して何を確かめようとしているのだろう、と観察してみたり、質問してみたりしてはどうでしょう。目を輝かせて気づいたことを話してくれるかもしれません。

　ただ、そうは言っても、けがの心配や他児への影響を考えるとハラハラ・イライラしてしまいますよね。対処法を考えてみましょう。

★ 大人のリアクションが子どもに与える影響

　「やめなさい」と注意しますがなかなかやめない、ということがありましたね。子どもは親しい大人のリアクションが大好きです。笑ったり、驚いたり、時には難しい顔をして注意をしたり、といった反応さえも子どもの脳は新しい刺激として受け止め、脳内物質のドーパミンが分泌され快感覚を刺激するとされています。ドーパミンは「分泌前にした行動に過剰に注意を向ける」作用が

Part 2　事例から考える集団適応の課題と対応　67

あるとされ、子どもは、さらに新たな反応を求めていたずらを繰り返します。

　大人の関心を喚起する行動の場合もそうです。いけないことをするとしかられるということが、「注目された」と受けとめていることがあります。

　大人が子どものいたずらに対して過度に反応したり、いさめようとしたりする行動が、いたずらを助長してしまうという、皮肉な結果につながるのです。一方で、大きな声で叱責したり罰を与えたりすることは、子どもが不安や恐怖を強く感じてしまうことで、大人が伝えたい意図が伝わらないばかりか、信頼関係が損なわれることにもなりかねません。

　子どものいたずらには、最小限のリアクションで対応しましょうとされる所以です。とはいうものの、命や大けがに関わるようないたずらには、厳格な対応が必要です。どうやら、大人自身が感情をコントロールして見守るべきいたずらと、止めなければならないいたずらがあるようです。

★ 落ち着いて伝える、代替えの方法を考える

　周りの人に迷惑をかけること、自分や相手の体に危険が及ぶことに対しては、「何をするとどうなるか」を落ち着いた態度で具体的に伝えることが大切です。静かに、ゆっくり、短いことばで伝えてみましょう。それでも、1回で理解することは難しいかもしれません。「何回か繰り返し伝えなければ」とこころづもりをしておくと、気持ちに余裕ができます。

　また、その場にふさわしくない行為や、危険や衛生上の問題がある行為に対しては、代替えの方法を考えてみましょう。投げてはいけないものを投げてしまうのであれば、スポンジ投げ遊びや的当て遊びをする。普段着のままで水たまりに入らないようにしたいのであれば、夏に水着で水遊びをたっぷりする。「いたずら」という行為から子どもの興味・関心を学び、異なる場面や工夫でその行為が十分にできることを考えてみるとよいと思います。

参考文献
岩田純一（2011）『子どもの発達の理解から保育へ──〈個と共同性〉を育てるために』ミネルヴァ書房
湯汲英史（2015）『0歳～6歳子どもの社会性の発達と保育の本』学研プラス

幼児期

2 ことばの発達に遅れを感じる子ども

　子どもは3〜4歳頃から、「聞いて、聞いて」と言って、自身の体験を、身近な大人に聞いてほしい気持ちを強く表すようになります。これは基本的に「子ども－大人」の一対一の関係です。

　やがて、遊びを通して仲間関係を活発に作り始める時期になると、同じ年齢の仲間に対しても、自身の思いや考えが伝わるように話すことの大切さに気づきます。それは、仲間と自分の思いの違いがあった時「泣く」や「たたく」といった行為ではなく、話すことで解決できることに気づくからです。また、クラスのみんなを意識して、自分の経験や考えを話すといった一対多で話す経験をすることも大切になります。このような経験を重ねて、自分の考えや思いを人に伝え、他者の話を聞くという相互の関わりが育まれていきます。

　岡本（1985）は、「子ども－大人」や「子ども－子ども」の一対一の場面で用いられることばを「一次的ことば」、一対多の場面で用いられることばを「二次的ことば」と呼んでいます。

　二次的ことばの獲得とは、保育者から子ども全員に対して語りかけられていることを、自身に対して語りかけられていることばとして認識することや、子ども自身が多数を対象に語りかけることができるようになることです。二次的ことばの獲得は、不特定の読み手を意識する、作文などの書きことばの獲得につながると考えられています。

事例紹介——先生からの相談

　NAOKI（仮名）さんは年中クラス（4歳）の男の子です。始語は11ヵ月で遅れはなかったとのことです。語彙自体は増えていると思いますが、友だち同士での中でことばを交わしながら遊ぶことの少なさや、みんなの前で自分の経

Part 2　事例から考える集団適応の課題と対応　　69

験や考えを話す場面で、じっと下を向いていたり、時々癇癪を起こしたりすることが気になっています。

　着替えや排泄、食事などの日常生活動作の獲得は他児と変わりませんし、保育者との一対一の場面ではことばでのやりとりもできます。知的な遅れがあるとは考えられません。どのように理解し対応していけばよいのでしょう。

先生とお話ししたこと

★ 語彙力と発語の両面から理解する

　NAOKIさんの保育場面での様子を観察し記録してみましょう。内容は次のようなことです。

　　・話していることばの数（語彙数の確認）
　　・話していることばの種類（物や色の名前、動きを表すことば、様子を表すことば、挨拶などのことば、気持ちを表すことばなどに分けてみましょう）
　　・言われてできることの内容（物を取ってくる、色を指さす、友だちの弁別など）
　　・話しをする目的（必要にせまられた時の要求、自分の考えや思いを伝えるために話している、独り言など）
　　・ことばを交わす相手（養育者や保育者などの大人、特定の子ども、複数の子どもなど）
　　・ことばを交わす場面（一対一、一対多など）

　こうした結果を、同年齢の子と比較することや、「気になる」子自身の変化を追うことにより、ことばの発達の理解につながります。

★ 「気になる」子と仲間をつなぐ取り組み

　NAOKIさんと友だちと一緒に遊べる場面を設定します。NAOKIさんが好きな遊びだといいですね。

　遊びの場面では、友だちからのことばを先生がわかりやすくして伝えることで、安心できる雰囲気をつくったり、NAOKIさんの友だちに対することばが

不十分な場合は、先生が補ってモデルを示したりしてみましょう。先生が間に入って、ことばを用いたやりとりを支援することで、友だちと遊ぶ楽しい経験を重ねたいですね。

「○○と言ってみて」「すごい、○○と言えたね」などとロールプレイを挟むことも効果的と考えます。

★ ことばそのものを楽しむ取り組み

みんなで一緒に手遊びをしたり、ある場面で声を出すなどの決まったパターンがある絵本を読んだり、フラッシュカードをしたりなど、ことばそのものを楽しむ取り組みも大切ですね。ことばへの関心をもてるような働きかけです。繰り返しのパターンがある手遊びや絵本は、ことばの遅れがある子どもにとって、集団の中でことばを楽しむ大切なきっかけとなります。初めは関心を示さなかったとしても、決まったパターンがわかってくるに従い、少しずつ参加できるようになることが期待できます。

★ 多様な視点を念頭に置きながら

ことばは、他者とのコミュニケーションに大切な役割を果たします。私たち人間の発展はことばというコミュニケーション方法の獲得に支えられてきました。ことばの遅れは、聞こえの難しさや社会性発達、知的発達、環境からの影響など多様な要因が考えられます。保育者や友だちが話している内容がわかりにくい、自分の考えや思いが伝えられないことは、NAOKI さんの成長・発達に影響を与えます。

早期に状況を把握し、家庭との連携、必要があれば保健や医療など他機関との連携を視野に入れながら支援を考えていきたいですね。

参考文献
本郷一夫編著（2008）『障害児保育』建帛社
岩田純一（2011）『子どもの発達理解から保育へ──〈個と共同性〉を育てるために』ミネルヴァ書房
岡本夏木（1985）『ことばと発達』岩波書店

幼児期

3 外国につながる子ども

「外国につながる子ども」とは国籍を問わず、言語・文化的に多様な背景の
ある子どものことです。近年、グローバル化や労働力を国外に求めることに伴
い、保育所、幼稚園などで外国につながる子どもの入園が増える傾向にありま
す。保育所保育指針（2017）では「外国籍家庭など、特別な配慮を必要とする
家庭の場合には、状況等に応じて個別の支援を行うよう努めること」とされ、
幼稚園教育要領解説（2018）においても「国際化の進展に伴い、幼稚園におい
ては海外から帰国した幼児や外国人幼児に加え、両親が国際結婚であるなどの
いわゆる外国につながる幼児」とされているように、外国につながる子どもの
理解と支援のあり方が問われています。

　当然のこととして外国につながる子どもにも、発達障害などの可能性があり
ます。それぞれの言語的・文化的背景、さらには家庭の教育方針などが多様で
あることに加え発達課題を有している、いわば、新たな2E※と受け止められる
子どもたちへの対応が求められています。

> ※2E（トゥーイー）は「Twice-Exceptional：二重に特別な支援を要する」ことで、一般的には何
> らかの優れた才能（ギフテッドなど）と発達障害などを併せもつことを意味しています。

事例紹介——先生からの相談

　SIMON（仮名）さんは年長の男児です。両親の渡日に伴い保育所に入園し
ました。自宅では母国語（両親は母国語のみ）、保育所では日本語での生活で
す。半年が経過し、保育所の生活には少しずつ慣れてきていますが、なかなか
友だちの輪の中に入ることができません。それどころかこの頃は、友だちとの
トラブルが目立つようになってきました。多動性や衝動性が高いようにも感じ
ていますが、日本語に習熟していないことや文化の違いによることかもしれま

せん。アプローチの難しさを感じています。現在の SIMON さんは母国語、日本語のいずれも習得が年齢相応以下のダブルリミテッドの状態です。これからどのように対応していけばよいのでしょう。

先生とお話ししたこと

★ まずは「わかる」安心感を大切に

外国につながる子どもたちにとって、ことばの理解が不十分であることや、文化の異なる国での生活は、かなりの不安を感じていると思いますので、以下のような対応を試みてみましょう。

①視覚情報（絵や画像、映像）を交えて、活動内容を見通せるようにする。

②ことばや習慣、文化の違いに配慮し、SIMON さんの関心あることから働きかけ、少しずつ慣れていくようにする。

まずは SIMON さんが安心できる環境づくりをこころがけることが大切です。

保育所の活動で、例えば「野菜を育てよう」などでは、野菜の種類を写真や実物で見せ、SIMON さんの母国の呼び方と、日本での呼び方を紹介したり、野菜を使った両国の料理を紹介したりして共通の理解を進めながら、野菜の成長を楽しみにするという取り組みなどはどうでしょう。

衣服の着脱、食事、排泄などの ADL（日常生活動作）の確立や、絵カードのマッチング、絵本の読み聞かせなどで事物やことばへの関心を高めること、友だちと共同して取り組むゲームなどで対人関係を育むことなど、保育所の生活を通して SIMON さんのニーズに対応していきたいですね。特に、ことばの発達に関しては個人差が大きい時期でもあります。両親が母国語のみを話されるということでしたので、あせらずにできることから取り組んでいきましょう。

★ キーパーソンを明確に

保育所や幼稚園、認定こども園などで関わる人が多くなると、困った時に誰に相談すればよいのかわからなくなることがあります。困った時に誰に相談す

Part 2　事例から考える集団適応の課題と対応　73

ればよいのかをはっきりわかるようにすることが大切です（保護者に対しても、同じような対応が必要です）。SIMON さんが「困ったら、すぐに聞ける」ということが安心感となり、こころの安定につながると思います。

保育所の日本語でのやりとりは、以下のことをこころがけて、日本語の理解と先生との信頼関係づくりに努めましょう。

・必要な情報に絞ってシンプルに話す
・短いセンテンスで話す
・明確は表現で話す
・やさしく笑顔で話す
・繰り返し理解をうながすように話す
・視覚情報を交えて話す
・意思表示のロールプレイを行う

★ 保護者への対応

我が子の園での生活を心配する気持ちは、外国籍の両親であれば、より一層強いことでしょう。

相談窓口の明確化、面談などで通訳者が手配できない際の音声翻訳ツール（UD トーク、ポケトークなど）の利用、保護者会での映像・Power point など視覚情報の十分な活用、提出書類の簡易化、連絡帳や電話による連絡方法の工夫など、両親を交えて検討したいものです。

また、保護者に対して、家庭でも日本語を使うような要望は、子どもとのコミュニケーションが乏しくなってしまう恐れがあるため、避けたいことです。保護者との良好な関係が守られ、家庭の中で十分な対話が行われることが大切です。

参考文献
荒牧重人・榎井縁・江原裕美・小島祥美・志水宏吉・南野奈津子・宮島喬・山野良一編（2022）『外国人の子ども白書　第2版─権利・貧困・教育・文化・国籍と共生の視点から』明石書店
社会福祉法人日本保育協会（2022）『「外国につながる子ども」の保育と保護者支援に使える 外国語例文・絵カード集』ぎょうせい

> **学齢期（小学校）**

4 暗黙のルールの理解が難しい子ども

　私たちの集団生活の場には、「決まり」や「約束」があります。「決まり」や「約束」が明示されていることは行動する上での目安となりますし、守られることで安心して生活することができます。

　一方で、明示されていない、あるいは明文化されていないにもかかわらず多くの人が従って行動をしている「暗黙のルール」というものが存在します。守るべき「暗黙のルール」自体を知らないことや、気づかないことが、集団適応の難しさにつながるケースがあります。

　学校生活にも「暗黙のルール」がたくさん存在しています。例えば「手を挙げた時には指名されてから答える」ことや、運動部では「先輩には敬語をつかう」といったことなどです。「暗黙のルール」は、周囲の様子を見て自然に学んでいくことが基本となりますが、社会性発達や情動調整に課題のある子どもたちにとっては、なかなか難しいことです。

事例紹介——先生からの相談

　AKIRA（仮名）さんは、小学校１年生の男の子です。通常の学級に在籍しています。３歳時に自閉スペクトラム症の診断を受けました。学力は高く、小学校入学時には平仮名、片仮名、ローマ字の読み書きや足し算、引き算もでき、恐竜博士とも呼ばれ、同級生から一目置かれています。ただ、授業中の課題に手を挙げてすぐに答えてしまうので、指名されてから答えるように何度か話しましたが守れません。

　他にもエピソードがあります。ある日、下着姿で職員室に入ってきました。驚いて「どうしたの」と聞くと、校庭で遊んでいたら転んでズボンを汚してしまったとのことでした。校内は下着で歩かないことを話し、あわてて運動着に

Part 2　事例から考える集団適応の課題と対応　　75

着替えさせました。

　また、AKIRA さんは偏食の傾向があり、好き嫌いがはっきりしています。給食時に好きなメニューだとあっという間に食べ終わり、他の子どもたちの目を気にすることなく、おかわりを分けて食べようとします。「おかわりどうぞ」と言われてから順番におかわりをすること、それまで待つことを話しましたが、なかなか守れません。

　これから、どのように指導すればよいのでしょう。

先生とお話ししたこと

★ 身につくまで繰り返し説明することを前提と考える

　AKIRA さんは、ズボンが汚れた時や、好きなものをもっと食べたいという時に、その思いを達成するための直接的な行動に出てしまうのですね。そこまでの手続きや手順をどのように行えばよいのかを練習することが必要なのだと考えます。

　ズボンの場合ですと、ご家庭と話し合って、替えのズボンを用意してもらい、汚れた時には替えのズボンに履き替え、汚れたズボンを洗濯袋にいれてから先生のところに話しにくる練習をすることや、校内では下着姿で歩かないことが約束であることを説明するなどでしょうか。

　給食の場合は、おかわりをするための手続きをことばだけではなく、絵や写真で示すなどのことを試みてみるとよいかもしれません。先生が近くの席で給食を食べながら、どうすればよいのかを伝え、うまくできた時にしっかり褒めてあげることも効果的でしょう。大好きな先生からの褒めことばは、何よりもうれしいことです。

★ わからないことは先生（他者）に聞くことができる

　困ったことが起きたり、わからないことがあったりした時に、先生や近くの人にどうしたらよいか聞くことができるようになることも大切です。

　入学時など周囲の環境が変わった際の「暗黙のルール」は、気づくことが難

しいです。特に自閉スペクトラム症の子どもは、学校生活に見通しがもてず、不安な気持ちになることが多いです。そうした状況下で、困った時や心配な時にサポートしてくれる方が身近にいることはとてもこころ強いことです。

先生がとってくださっているような受容的対応はとても大切で、AKIRA さんの安心や信頼の対象となっていることから、ズボンを汚した時に先生の元にいらしたのだと思います。「大人－子ども」の関係づくりが学校生活の基盤となり、そこから生活上必要なルールを身につけていくことが必要です。このことは新しい環境でまた起きうることと考えられますので、進級などの際には引き継いでいってください。

★ 他者意識について

AKIRA さんは、知的水準が高いと考えられますが、「他者の視線を意識する」ということに関しては年齢相応の発達段階に達していないように思います。自閉スペクトラム症の子どもたちの中にはこうしたアンバランスさを示すことがあります。

成長とともに社会のルールは複雑化していきます。AKIRA さんの場合、時間をかけて見守り、時にはしっかり声かけをしながら、生活上必要な「暗黙のルール」の理解と獲得を促していくことが必要と考えられます。

学校生活の中で機会を見つけ、どう行動したらよいのかについて理由を示しながら伝え、場にふさわしい行動を自身で考え判断できるようになっていく、そうした課程を大切にしていきたいですね。実体験を通しながら、多様な場面での対応が「できるようになっている」自分を実感できることも大切です。

参考文献
本郷一夫編（2018）『公認心理師と基礎と実践　発達心理学』遠見書房
マイルズ，B. S.・トラウトマン，M. L.・シェルヴァン，R. L.　萩原拓監修　西川美樹訳（2010）『発達障害がある子のための「暗黙のルール」―マナーと決まりがわかる本』明石書店

学齢期（小学校）

5 特異な才能があると考えられる子ども

　ギフテッド（Gifted：「才能を授かった人」などの意）と呼ばれる子どもたちがいます。ギフテッドにはいくつかの定義がありますが、ギフテッド教育に取り組んでいるアメリカのテキサス州では「同じ年齢・経験・環境をもつ子どもと比較して、著しく高いレベルを達成する、あるいはその可能性をうかがわせる子ども。知的能力、独創性や芸術の分野において高い実行能力を示す、並外れたリーダーシップ能力をもつ、あるいは特定の学術分野で秀でている」としています。知的能力の側面で並外れた能力を示す子どもは、知的ギフテッドと呼ばれます。そうした子どもたちへの対応が行われている州では、飛び級や優れた成績の科目は上の学年で授業を受けるなどのサポートが行われています。

　日本では「教育課程部会における審議のまとめ」（中央教育審議会, 2021）で、「特異な才能をどのように定義し、見いだし、その能力を伸長していくのかという議論はこれまで十分に行われていない状況にある」と指摘しています。今後は、「特異な才能のある児童生徒も含め、個別最適な学びを通じて個々の資質・能力を育成する」ことが重要であるとしています。日本では「ギフテッド」は定義が多様で異なる視点からの議論となる可能性があると考えられたことから、「特異な才能」と表現されています。「特異な才能」には幅広い領域・特性や程度の才能が含まれますが、一般的には英語本来の意味の "Gifted" に相当するものと捉えてよいと考えられます。

事例紹介——先生からの相談

　FUMIYA（仮名）さんは、小学校1年生の男の子です。幼児期から1つのことに集中すると、ごはんを食べることを忘れて図鑑やプログラミングに没頭

している子だったとのことです。算数の授業で、私が説明をして「では問題を解いてみてください」と指示をした時には、もう問題を解き終えています。国語の授業では、ひらがなやカタカナはすでに読み書きできるため、ひらがなのワークブックに精密な恐竜の絵を書いています。

　一方、体育の際の着替えが１人では難しかったり、給食での食事に長い時間を要したりという側面があります。友だち関係では、自分が好きなプログラム言語のことを一方的に話すので、敬遠されてしまったり、遊びの仲間に入れずに癇癪（かんしゃく）を起こしたりしています。そうしたことがある度に、「ぼくなんかだめだ」と言って自信をなくしています。どのように対応したらよいのでしょう。

先生とお話ししたこと

★ 2E 児の理解について

　知的ギフテッド児には、知的に高く社会的にも適応しているタイプと、知的には高いものの社会的適応に課題がみられるタイプがあります。後者のタイプには、2E（Twice-Exceptional：「二重に特別な支援が必要」の意）と呼ばれることがあります。「2E 児」には、知的能力の顕著な高さを示す一方で、対人関係や情動調整などに課題があるケースや、数学や理科、芸術が得意である一方で、読み書きの難しさがあるケースなどがあります。才能を伸ばす側面と困難を補う側面、その両側面からのアプローチを要するのです。

　FUMIYA さんは高い知的側面の発達を示す一方で、社会性発達などの側面は生活年齢である７歳の水準に達していない状態と受け止められます。

　まずは、本人が感じている孤立感や自己肯定感の低さへの理解と支援が必要と考えられます。適応的な学校生活を送るためには、良好な人間関係づくりが必要です。プログラミング学習などの「強み」を活かした支援のあり方を検討してみましょう。本人がプログラミング学習の先生的な役割を果たすことや、通級指導教室に通うことが可能でしたら、プログラミング学習に関心のある児童の小集団での活動や探究活動を行い、発表会を行うことなどはどうでしょう。

Part 2　事例から考える集団適応の課題と対応

★「発達多様性」という捉え方

　発達がアンバランスな状態は、非同期発達といって心理面の脆弱性と大きく関わってくるとされています。「話す内容は大人顔負けなのに、対人関係の結び方は驚くほど幼い」といった状態を発達の大きな凸凹として捉え、発達の凸凹の「凹」を標準に近づける支援を行おうとすることが一般的な支援の方法として捉えられてきました。

　一方で、「発達多様性」の考え方では、発達は個人の各機能や特性が個性的に「枝分かれ」して、そのままユニークな形の大樹に育つことをイメージしています。すなわち、枝分かれしたままの姿で順調に大きく成長できる環境構築を行おうとする捉え方です。学びの多様化学校（いわゆる不登校特例校）での実践など、近未来的の教育の進むべき道として参考になると考えます。

★ 授業時間での対応について

　FUMIYA さんは同年齢の子どもたちより、より高度な内容の学びへの対応が必要と考えられます。早く課題を終えた時に、好きな図書を机の中に用意しておいて読むことや、タブレットで検索することなどは、これまでも行われてきたと思います。他に、学習の際に標準問題、応用問題、発展問題などを準備しておき、段階的に難度の高い課題に取り組めるようにすることや、先生と一緒に友だちの学びをサポートする役割になることもよいかもしれません。FUMIYA さんが自身の強みを活かしながら、友だちと関わる経験を増やすことで、社会性発達を促し、自己肯定感を高める試みになるのではと考えます。学校で適応的な生活が実現されることは、個々の資質・能力を育成する上で大切なことです。

参考文献

本郷一夫・松本恵美・久里真緒（2022）「知的ギフテッド児の発達特徴と学校適応に関する研究」東北心理学研究，12, 39-52.

杉山登志郎・岡南・小倉正義（2009）『ギフテッド　天才の育て方』学研教育出版

学齢期（小学校）

6 怒りの感情がコントロールできない子ども

　反抗期は発達していく過程の中で、他者からの指示に対して抵抗したり反抗的な態度を取ったりすることの多い時期とされています、乳幼児時期から学齢期までに、反抗期は2回あるとされています。

　1回目は、2～3歳頃の幼児期に訪れます。第一次反抗期と呼ばれます。この頃は自我の芽生えがあり、何でも自分でやりたがる一方で、うまくできずに泣いたりする時期です。「イヤイヤ期」などとも呼ばれます。

　2回目は思春期に訪れます。第二次反抗期と呼ばれます。早ければ10歳頃から始まります。こうした反抗期は、自我の確立や自立に向けた発達の過程で欠かせないものと考えられています。

　一方で、教師に対して暴言を吐いたり、時には暴力を振るったり、わざと怒らせたり、神経を逆撫でしたりするような言動を行うケースが学校などから報告されることがあります。怒りっぽくて反抗的で対応に困るケースです。9～10歳未満から否定的、反抗的な行動を繰り返し、対人関係や学業成績に深刻な影響を及ぼしている場合、反抗挑発症とされることがあります。そうした状態を示す子どもが低年齢化しているとの報告もあります。

事例紹介——先生からの相談

　DAISUKE（仮名）さんは、小学校2年生の男の子です。立ち歩きなど学習への参加が難しいことが多く、学習に取り組ませようする教師に対して、「うっせぇ」や「だまれ」などの攻撃的な言動をします。先日も作文を書く学習場面で突然怒りだしてノートを破いたり、鉛筆を折ったりなど、破壊的行動と受け止められるようなことがありました。

　友だちに対しては優しい一面があるのですが、ドッジボールでミスをした

Part 2　事例から考える集団適応の課題と対応　81

り、生活科で自分の思う通りにグループ活動が進まなかったりすると、他児を攻撃してしまいます。担任として全く注意をしないという訳にもいきませんが、度重なる注意は DAISUKE さんとの関係を悪化させてしまうのではないかと考えてしまいます。落ち着いた時の DAISUKE さんには、いけないことをしたという思いがあります。どのような対応を行っていけばよいのでしょうか。

先生とお話ししたこと

★ SST（ソーシャルスキルトレーニング）について

心理的な側面から子どもの社会性発達を促す取り組みとして、SST（ソーシャルスキルトレーニング）があります。コミュニケーションや対人関係に関わる難しさを、社会生活を送るための技術を向上させることで解消していこうとする取り組みです。以下のようなことが行われます。

- ・対人関係の基本的な知識・ルールの理解
- ・他者の思いや考え、感情の理解
- ・自分の思いや考え、感情を伝える方法の理解
- ・対人関係の問題を解決する方法の理解

一例として「こころかるた」（クリエーションアカデミー）を使用した取り組みを紹介しましょう。「こころかるた」は、カードを引き、そのカードに書かれているテーマに対応した自分の思いや考えをことばとして伝えます。また、他者の話はしっかりと傾聴します。こうした経験を通して、意思の表示の仕方や、行動のコントロールを身についていくことを目的として用いられます。行動で示す前に、ことばで思いを伝えるようにする経験、他者の話に耳を傾ける経験を積み重ねることが 1 つの手立てとなるのではないかと考えます。

★ ティーチャー・トレーニングについて

同じように心理的な側面から子どもの行動変容を促す取り組みとして「ティーチャー・トレーニング」があります。「ペアレント・トレーニング」と

基本理念は同じです。まず気になる子どもの行動を観察し、「好ましい行動」「好ましくない行動」「やめさせたい行動」の３つに分けます。次に「好ましい行動」に対して褒めるなどのプラスの評価を行います。一方、好ましくない行動には大きな関心を示しません。このような働きかけで「好ましい行動」を増やし、「好ましくない行動」を減らしていこうとするものです。DAISUKEさんは、友だちに対して優しい一面があるとのことでした。DAISUKEさんのそうしたプラスの側面に着目して、先生との関係性や、本人の達成感、成就感を大切にしながら、「好ましい行動」を増やし、自己肯定感と挑戦意欲などを高めていこうとするアプローチです。

★ 他機関との連携

　子どもの反抗的な行動が明らかに学校での対応の範囲を超えているケースがあります。前述の心理的アプローチを行っても現実的な効果が認められないケースでは他機関との連携が求められます。

　スクールソーシャルワーカーは、学校と児童相談所、発達障害者支援センターなどの専門機関との連携を図りながら支援ネットワークを構築してアプローチを実現する専門家です。またケースによっては保護者との共通理解を図りながら、医療機関につなぐこともあります。

　学校で実施可能な教育的・心理的アプローチと専門機関との連携によって実現できるアプローチを併用することにより、環境的な要因を含めて包括的なサポートが可能になると考えられます。

参考文献
上林靖子監修（2016）『保育士・教師のためのティーチャーズ・トレーニング―発達障害のある子への効果的な対応を学ぶ』中央法規
原田謙（2018）「反抗期と反抗挑発症」教育と医学，66(12), 1093-1103.

学齢期（小学校）

7 敏感で感受性の強い子ども

　HSC（Highly Sensitive Child：「非常に敏感な子」などの意）と呼ばれる子どものことが時々話題となります。医学的な診断名ではありませんが、次のような特徴があるとされています。

- ・よく知らない人の前では、下を向くなどしてほとんど話さない。
- ・周りの子どもが楽しそうに遊んでいても、慣れない場ではなかなか親から離れない。
- ・初めての体験や変化に適応するのが苦手。
- ・少しのことでもすぐに泣いたり興奮したりと気持ちが高まりやすい。

　このように敏感で繊細な行動背景には、豊かな感受性の気質があると考えられています。感覚処理に関する神経系が生まれつき敏感・繊細な子ども、ともされます。5〜6人に1人程度の割合でこうした特徴の子どもがみられるとの報告もあります。共感性が高いが故に周りの空気を敏感に感じ取り過ぎて、必要以上に緊張したり、気を遣ったりしてしまいます。そのために集団生活への適応が難しくなることがあります。

事例紹介――先生からの相談

　AKANE（仮名）さんは、小学校3年生の女の子です。ユーモアのセンスがあり、親しい友だちの中では楽しいお話をしてくれるので人気のある児童です。進級に伴い、4クラスが3クラスに減少となりました。AKANEさんは、新しい友だちと児童数が増えた新しい環境になかなか慣れない様子で硬い表情で過ごしていました。

　そんな中、クラスの数名の男の子たちが、授業中に突然大きな声を出したり、反抗的な態度をとったりすることが重なりました。AKANEさんは、そ

れに驚いて泣き出してしまいました。そうしたことが重なる内に、AKANE
さんが登校を渋る様子が現れてきました。登校しても気を遣っているためで
しょう、午前中からグッタリしていることが多くなりました。どのように対応
したらよいのでしょうか。

先生とお話ししたこと

★ まずは大人（先生）との人間関係を大切に

　まず大切なことは、AKANE さんのつらい気持ちに寄り添ってくださる方
が身近にいることです。AKANE さんは共感力の高い児童と考えられますの
で、先生に気持ちをわかってもらうことが安心できる環境づくりのはじめの一
歩になると思います。「大きな声に驚いたね」「心配してくれたんだね」といっ
たように、AKANE さんの気持ちに共感することで「わかってもらえた」と
いう安心感につながると考えます。

★ 自分の思いや気持ちを伝えられるように

　「自分の思いをことばで伝えられる」ようになることが、AKANE さん自身
の気持ちの解放に向けるために大切と考えます。
　　①どの刺激（音、におい、行動など）が
　　②どのように感じるので
　　③どうしてほしいのか
の３つのことを伝える練習をしてみませんか。担任の先生、保健室の先生、通
級指導教室の先生など、身近な大人からでよいと思います。
　例えば、「みんなが大きな声で話していて、つらく感じるから、静かに話して
ほしい」や「理科室の薬品のにおいが、とても気になるから、他の場所で休みた
い」などのように。①、②、③の内容を明確に伝えること。自分自身の生活環
境を過ごしやすく変えられることを、経験を通して学んでほしいと思います。
緊張して我慢することだけではなく、環境の改善に向けた働きかけができるよ
うになること、そしてその効果を実感できる経験を増やしていきましょう。

Part 2　事例から考える集団適応の課題と対応　　85

自分の思いを明確に伝えることと併せて、相手の気持ちのあり方を考えながら表現できるようにする「アサーション」※の練習を行うことも、HSCの子どもたちの良さを引き出すことになると考えます。

　アサーションの例として次のようなことがあげられます。

　「明日、映画に行かない？」と誘われたけれども行けないという時、どのように答えたらよいでしょう。もじもじして答えられなかったり、「むり！」とぶっきらぼうに答えたりするのではなく、「誘ってくれて、ありがとう。でも、明日はもう予定が入っていて難しいの。また誘ってね」と相手の気持ちを大切に考えながら、自分の主張はしっかり伝えるというのがアサーティブな回答です。

　※アサーション：「自分も相手も大切にする自己表現」を意味します。お互いを尊重しながら素直な自分の気持ちを表現して話せるようになることです。

★ 感受性の豊かさ、洞察力の深さを「強み」に変えていく

　AKANEさんは、周囲の状況を敏感に読み取ることができる感受性の豊かさや優しい気持ち、あるいは深い洞察力のある子とされています。友だちの気持ちの変化に細やかに気がついて共感できたり、優しい心遣いを行ったり、物事をしっかりと深く考えることができる「強み」を活かしていきたいですね。

　友だちへの気遣いや優しさを示した場面を捉えて、AKANEさんの行動を肯定的に受け止めることばかけを行っていきましょう。HSCの傾向のある子どもたちは、「臆病な子」であるとか「大人しい子」、「表情の乏しい子」などとその良さが十分に理解されないことが少なくありません。

　AKANEさんの豊かな感性や優しさを「強み」として肯定的受け止め、AKANEさん自身の良さとして認め、自信をもって発揮できるように導いていきましょう。

参考文献
アーロン，E. N. 著　明橋大二訳（2021）『ひといちばい敏感な子』青春出版社
長沼睦雄（2017）『子どもの敏感さに困ったら読む本：児童精神科医が教えるHSCとの関わり方』誠文堂新光社

学齢期（小学校）

8 愛着不全と考えられる子ども

　幼児期・学齢期の発達相談の中には、愛着（アタッチメント）不全の影響と考えられるケースがあります。なんらかの理由で養育者との十分な愛着形成ができず、情緒的行動や対人関係などに問題が生じているケースです。

　園や学校生活で落ち着いた行動ができない、暴力的になりクラスメートとのトラブルが多い、逆に他者との関わりが極端に少ないといったように、社会性発達や情動調整面の難しさのある行動が特徴とされます。他の発達障害でもこうした行動はみられるのですが、愛着不全からの影響と考えられる行動は、身近な人との安心できる関係がしっかり確保され、維持されていくことで、問題となっていた行動が恢復していくことです。心理的な絆や安定が子どもの成長・発達に必要であることが伺えます。

事例紹介──先生からの相談

　YOSHIYUKI（仮名）さんは小学校3年生の男の子です。担任となって1ヵ月、YOSHIYUKI さんは、クラスメートから浮いたような存在といいますか、厳しい目つきをした子だなぁという印象がありました。5月の休み時間のことでした。YOSHIYUKI さんが、遊びのルールを守らないことが発端となり、友だちから「それはズルだ！」と指摘されると急になぐりかかるということがありました。それからも時々クラスメートとのトラブルは起きていました。

　ある日、「YOSHIYUKI さんのノートに描く絵が怖い」という話を耳にしました。休み時間、自由帳に絵を描いている YOSHIYUKI さんをそっとのぞいてみると、暗い色使いで怪物のような絵やナイフのような絵を描いていました。前担任から家庭の養育状況に課題があるということは引き継ぎを受けています。これからどのように対応していったらよいのか不安を感じています。

Part 2　事例から考える集団適応の課題と対応　　87

先生とお話ししたこと

★ 安心感の乏しさからの影響

　安心感が乏しい状況では、脳の「注意・危険信号」のスイッチが ON になるとされています。安全が確保され安心できる場所では、このスイッチは OFF になります。アタッチメント不全の状態にある子どもたちはこのスイッチの ON・OFF がうまく機能しない状態になっていると考えられています。

　前担任から「家庭の養育状況の課題がある」ことが引き継がれていたとのことでしたね。子どもにとって家庭は安心できる場所のはずです。赤ちゃんは少しずつ探索操作を始めますが、不安なことや驚いたことが起きると、養育者のところに戻ります。安心できる場所だからです。養育者は「安全な避難場所」の役割を果たし、赤ちゃんは、安心感を満タンにすると再び探索操作を始めます。そうしたことを繰り返し、少しずつ活動範囲を広げていきます。養育者は「安心基地」の役割を果たしているのですね。その場所が安心できない場所となっている場合を考えてみてください。

　YOSHIYUKI さんは、いつでも不安感を抱いて生活しているのではないかと思うのです。家庭が「安心基地」の働きをしていないため、「注意・危険信号」のスイッチが ON のままとなり、「他者を攻撃してしまう」ことや「怖い絵を描く」といった行動となって現れているのではないでしょうか。

　安心感を得られない子どもたちの中には、わざと悪いことをして大人がどこまで許容してくれるのかをテストする「試し行動」を行う子がいます。子どものとる行動は、その子がこれまで信頼すべき人からどのような対応を受けてきたかの鏡ともされています。攻撃的、人を試す、他者との関係をうまく作れないなどのことは、その子のこれまでの経験に基づいた行動と考えられるのです。

★ 向き合う人がいることの大切さ

　安心感を与えてくれる人は必ずしも養育者である必要はないとされています。担任の先生、通級指導教室の担当、スクールカウンセラー、保健室の先生

など、向き合ってくれる方の有無がその子の恢復（かいふく）に向けた一里塚となります。

悲しい時に「悲しかったね」や、楽しい時には「楽しかったね」などと、気持ちを共感してくれたり、励ましてくれたりする他者が必要なのです。私たちは安心できる人、安心できる基地があることで、少しずつ探索の範囲を広げたり、冒険したりすることができるようになります。困った時には戻ればよいのですから。

そうした経験を積み重ねることにより、こころの中に安心させてくれる人が常駐している状態になるとされています。こころの中にいれば、不安になった時いつでも安心を与えてくれるのです。これは私たちが自立していくために大切なことと考えられています。

★ 自分の思いをことばにする練習

アタッチメント不全にある子どもは自分が思っていることをことばにして表現する力が育っていないということがあります。事例で示したように「話せばわかりあえる」であろう場面でいきなり暴力をふるったりすることや、自分の気持ちをことばで表現できない代わりに絵で表現することなどは、そうしたことの現れと捉えることができます。

安心できる人と会話し、自分の思いをことばで表現し伝える経験を重ねていくことはとても大切なのですね。自分の経験や思いをことばにして語ることで整理していくことは、今置かれている心理状態を乗り越えていくための力につながると考えられているからです。

参考文献
遠藤利彦（2021）『入門 アタッチメント理論―臨床・実践への架け橋』日本評論社
ネルソン，A. C.・フォックス，N. A.・ジーナー，C. H. 著　上鹿渡和宏・青木豊・稲葉雄二・本田秀夫・高橋恵里子・御園生直美監訳（2018）『ルーマニアの遺棄された子どもたちの発達への影響と回復への取り組み―施設養育児への里親養育による早期介入研究（BEIP）からの警鐘』福村出版

学齢期（小学校）

9 よく嘘をつく子ども

　子どもがよく嘘をつくようになった。気になる行動ですよね。学齢期に入っ
てからの嘘は、様々な意図が潜んでいると考えられています。嘘をついてしま
う背景には、子どもの心理状態からの影響が色濃くあるのです。

　幼児期の嘘で特徴的なのは、空想や願望からついてしまう嘘です。現実と空
想の区別がつきにくい幼児期にはありがちなことです。3〜4歳頃になると、
「叱られたくない」という思いから嘘をついてしまうことが多くなります。自
己防衛しようとする心理的発達によるものです。児童期となると、「心配をか
けたくない」「自身のプライドを守りたい」などと嘘をつく理由が複雑にな
り、嘘自体も巧妙になってきます。

　時には嘘であることをなかなか認めようとしないことや、嘘をつくことが常
態化してしまうこともあります。嘘をつくことは、仲間との信頼関係を損なっ
てしまうことや、時には大人との関係に悪影響を生じさせることになります。
当然のように望ましい関係性から育まれる社会性発達にも影響を及ぼすのです。

　学齢期では嘘をつくことは生徒指導や道徳心と関連することと考えられま
す。改定された「生徒指導提要」では、発達支持的生徒指導や課題予防的生徒
指導が基盤となっています。また、学習指導要領の改訂で導入された「特別の
教科　道徳」により道徳教育の充実が図られました。発達的・心理的な側面か
らもその理解や対応を進めていくことが大切です。

事例紹介——先生からの相談

　NAOMI（仮名）さんは小学校3年生の明るく元気な女の子です。最近、友
だちとのやりとりの中で、習っていない習い事を「私も○○で有名な先生に特
別に教えてもらっている」や、持っていないゲームを「私、新しい△△と□□

を買ってもらった」などと言って自慢げに話すのですが、それが嘘だとばれて
しまい、「NAOMIさんは嘘つきだ」と友だち関係がうまくいかなくなってし
まいました。心配になって本人に問いただしても、認めず否定的な態度です。

　家庭でも、「今日の宿題は」と聞くと「宿題はない」と言ってゲームをして
いることが増えてきているそうです。また、買った覚えのない文房具をいくつ
か持っていたので「どうしたの」と聞いたら「お友だちにもらった」と話して
いるのですが、どうも嘘をついているとしか考えられません、とのことです。
どのように理解し対応していったらよいのでしょうか。

先生とお話ししたこと

★ NAOMIさんの心情に寄り添うことから

　学齢期の子どもがつく嘘には何かしらの思いが潜んでいます。どんな時に子
どもは「わざと」あるいは「すぐわかってしまうのに」嘘をつくのでしょう。

　嘘をつく必要がある状況として推察できる例は以下の通りです、

　　・身近な人を心配させたくない時

　　・自分への期待を裏切りたくない時

　　・自分をよく見せたい時

　　・負けたくない時

　　・自分のプライドを守りたい時

　　・知られたくないことを隠したい時

　　・かまってほしい時

　　・自分が楽をしたい時

　　・反抗心を直接的ではなく表現する時

　NAOMIさんのケースを考えると、友だちに負けたくない気持ちや、楽をし
たい気持ち、反抗心などが絡み合っての嘘ではないかと考えられます。

　こころを落ち着けて少しずつ話を聴いていく機会を作ってください。子ども
の心情に寄り添い、嘘をついてしまった心情を紐解いていきましょう。会話を
重ねる中から解決に向けた糸口が見つかることと考えます。嘘をついた理由を

話すことができれば、それは1つの解決です。自分の行動を省察（振り返り）して、次はどうしていったらよいのかに気づくことが大切です。

★ 大人の関わり方を振り返る

私たちが「なぜしないの？」「どうして？」「早くしなさい！」などと問いつめたり、「絶対にダメ」と厳しい管理をしたりしたとき、子どもは正直に本当のことを話すと叱られてしまうことから、嘘をつくことがあります。

私たち大人が嘘をつくように追い込んでいることがあるのですね。また、大人が子どもに都合の良い嘘をついて誠実に対応していない場合も、子どもが嘘をつくようになることがあります。

嘘を契機として、子ども自身のことばかりではなく、周囲の大人たちの行動や関係のあり方にも目を向ける必要があると思います。

★ 子どもが正直に嘘を認めたときの対応

NAOMIさんのケースでもそうですが、子どもが正直に本当のことを話した時の対応が大切です。厳しく叱ることは、まず逆効果です。正直に話せたことを褒めましょう。次に、嘘をついてしまった理由を聞き、これからどうしたらよいのかについて一緒に考えてみましょう。

嘘をつくことで特に留意したいことは、最初は緊張しながらついていた嘘も、繰り返すことによって罪悪感を徐々に感じないようになり、嘘が常態化していくことです。特に「自分のために人をだます嘘」については注意しましょう。そうした嘘が恒常化することは、将来においても他者との信頼関係がうまく結べないことが危惧されるからです。なかなか改善の兆しが見られないのであれば、児童相談所や医療機関の専門家に相談をすることも考えてみましょう。

参考文献
エクマン，P．菅靖彦訳（2009）『子どもはなぜ嘘をつくのか』河出書房新社
文部科学省（2022）「生徒指導提要」

学齢期（小学校）

10 学習の理解が顕著に難しくなった子ども

　身辺処理や意思の交換、安全、遊びといった、いわゆる日常の生活場面での行動は特に気にならないのですが、学年が上がるにつれて国語や算数などの教科学習の理解が顕著に難しくなる子どもたちがいます。

　そうした状態像を示す子どもたちの中には、知能検査（WISC-Ⅴなど）や発達検査（新版 K 式発達検査 2020 など）で得られた IQ（Intelligence Quotient：知能指数）や DQ（Developmental Quotient：発達指数）が 70〜84 の値を示していることがあります。IQ や DQ は 1 つの目安に過ぎないのですが、知的な遅れと平均的知能の間にあることから境界域知能（境界知能）と表現されることがあります。境界域知能は診断名ではなく、その状態を示すことばです。

　境界域知能の子どもたちの中には、「やる気がない子」「さぼっている子」「自分勝手な子」といったように受け止められやすく、大人との信頼関係がうまく築けなくなることや、自信を失い自己有用感が低下してしまうことがあります。特別な教育的ニーズがありながらも、十分な理解や支援がなされないことから、不全感が積み重なり、非行や不登校などの二次的な問題につながってしまうことがあります。

事例紹介——先生からの相談

　RYOU（仮名）さんは小学校 4 年生の男子です。低学年の頃は、文字の読み書きや算数などでも特に問題ありませんでした。友だち同士で遊ぶ姿や、着替え、食事などの日常生活の様子も他の子と変わりませんでした。

　しかしこの頃、癇癪を起こして友だちとトラブルになってしまうことがよくあります。相手の話の理解が難しいことや、自分が伝えたい内容をうまく表

Part 2　事例から考える集団適応の課題と対応　93

現できないことが原因ではないかと感じています。学習面でも分数や小数の理解や、国語の読み取りが難しい状況となっています。

　家庭でも心配されて、相談センターで発達検査を受けたところ、知的側面で境界域知能との説明を受けたそうです。どのように理解し対応していけばよいのでしょうか。

先生とお話ししたこと

★ もっと RYOU さんのことを知りたいですね

　一口に境界域知能といっても、一人ひとりが示す様相は多様です。得意なことや苦手なことをできるだけ具体的に把握する必要があります。

　例えば知能検査の主要指数（WISC-Vでいえば言語理解指標【VCI】、視空間指標【VSI】、流動性推理指標【FRI】、ワーキングメモリー指標【WMI】処理速度指標【PSI】など）は重要な情報源です。また、RYOU さんの学校生活の様子を観察することからも得意なことや苦手なことを見立てることができます。

　一般に私たちは、「苦手な側面」が気になることから、苦手なことの改善を図ろうとする働きかけが多くなりがちです。確かに大切なことではありますが、苦手なことだけに焦点を当てた繰り返しの取り組みは、本人の辛さにもつながることがあります。また、上達しにくいということもあります。したがって、その子の「得意な側面」へのアプローチということをしっかり意識していくことが大切と考えています。得意なことは、取り組んでいて楽しく、上達しやすいことから「できた」という達成感や成就感を感じ、自分の良さに気づく経験を重ねることができます。それが RYOU さんのこころの余裕につながってほしいと思います。

★ 学習面での支援に関すること

　ユニバーサルデザイン授業を紹介しましょう。ユニバーサルデザインとは「障害の有無にかかわらず、全ての人にとって使いやすいよう意図されてつく

られた製品・情報・環境のデザイン」のことです。1980年代にノースカロライナ州立大学のロナルド・メイス教授が提唱しました。この理念を学校の授業づくりに活かした実践が行われています。それがユニバーサルデザイン授業です。

　授業の参加に向けたユニバーサルな取り組みでは、以下の例が行われています。

　・時間の構造化：学習活動の順番や時間、終了時刻の提示
　・場の構造化：活動の場所、整理整頓、教材の配置、動線を工夫
　・刺激量の調整：光量や音量、室温、活動人数、掲示物の場所などの配慮
　・ルールの明確化：授業参加の態度、ノートの書き方などの明確化と共有
　・クラス内の理解促進：お互いを認め合う関係づくり

　授業内容の理解に向けたユニバーサルな取り組みでは、以下の例が行われています。

　・焦点化：学習目標や活動内容が明確になるように絞り込み
　・展開の構造化：授業の流れに見通しがもてるよう一定化、パターン化
　・スモールステップ化：子どもの実態に対応した難易度の構成
　・視覚化：画像、映像、資料などの視覚情報・教材の併用
　・動作化・作業化：読む、聞く、話す、書く、操作する、作るなどの活動が
　　　　　　　　　　バランスよく配置された授業展開
　・共有化：話し合う、伝え合う、協力し合う場面の設定

　ユニバーサルデザイン授業はクラス全員に対して行われますので、RYOUさんのプライドを守ることにも配慮されます。

　それでも難しい場合は、RYOUさんと話し合いながら個別の支援を行うことも必要かもしれません。教科書を読むことが難しい時は、漢字にフリガナを振ることや、音声変換に対応した教科書を活用する方法などがあります。

参考文献
宮口幸治（2020）『境界知能とグレーゾーンの子どもたち』扶桑社
なんばさん（2021）『境界知能と生きる―IQ84の私が見つけた疲れない生き方』なんばさんブックス

Part 2　事例から考える集団適応の課題と対応　　95

> 学齢期（小学校）

11 不器用なことで苦労している子ども

　学校生活の中では、「不器用さ」や「運動技能の弱さ」が目立ってしまう子がいます。「目と手」や「手と足」など、体の別々の部位を同時に動かす運動のことを協調運動といいます。学校生活や日常生活の場面で、年齢に応じて期待される協調運動の水準と比較し、ぎこちなさがある、不正確である、時間がかかるなどの子どもは、いわゆる不器用な子といわれます。その不器用さが著しく難しい状態の場合、「発達性協調運動症（Developmental Coordination Disorder：以下 DCD）」と診断されることがあります。

　DCD には次の 3 つのタイプがあるとされています（複合していることもあります）。

- ・「粗大運動」苦手タイプ：鉄棒の逆上がり、ハードルを跳ぶこと、マスゲームや体操などでリズム感よく動くこと、ドッジボールなどの球技を苦手とするタイプ
- ・「微細運動」苦手タイプ：ボタンをすること、はさみで切ったりドライバーでネジ止めをしたり、針の糸通しをしたりすることなどを苦手とするタイプ
- ・「組み合わせ運動」苦手タイプ：縄跳び、鍵盤ハーモニカなどを苦手とするタイプ

　DCD の子どもたちは普段の生活場面でよくものを落としたり、人や机などにぶつかったりします。紐結びができないことや、箸やペンの使用がぎこちなく上達しにくいということもあります。サッカーや野球、バスケットボールなどのスポーツも上手くできません。なぜそうしたことが起きるのか、DCD の原因や仕組みは、いまだ明らかになっていません。

　運動が得意ということは、子どもたちにとって重要なステータスの 1 つで

す。小学生の男子では将来なりたい職業の 10 傑に「サッカー」や「野球」などのスポーツ選手が入ります。DCD の子どもたちは、周囲が思う以上に自身の運動の苦手さにこころを痛めていることがあります。

事例紹介──先生からの相談

　HIROSI（仮名）さんは小学校 5 年生の男子です。思春期に差しかかったこともあるのでしょう、不器用で運動ができないことを思い悩んでいるようです。

　先日、体育でサッカーを試合形式で行いました。一生懸命ではあるのですが、ボールに触れることすらできません。少年サッカーチームに所属する友だちから指示を出されてもまったくついていけず、諦められた感じです。試合は勝ったのですが、肩を落とし元気がありませんでした。

　休み時間のドッジボールにもこの頃は姿を見かけません。以前はそれなりに楽しんでいる様子だったのですが、やはり友だちと同じようにボールを受けたり、投げたりすることができないということをかなり意識するようになったのだと思います。

　このようなうまくいかない経験が、HIROSI さんの自己有用感を低下させ、日常生活や学校生活のいろいろな場面で消極的にならないとよいなと心配しています。どのように対応したらよいのでしょうか。

先生とお話ししたこと

★ 学級風土を育む

　DCD の子どもたちは、学校での学習場面や休み時間の生活場面でうまくいかない体験を積み重ねてしまい、自己有用感が低下し消極的になることや、時には周囲からの叱責やからかいなどの不適切な対応を受けることで、集団生活への不適応となることが心配されます。

　先生のクラスは、サッカーの試合で負けてしまっても、うまくできなかった人を責めるといったことがないようですね。他の人の失敗やうまくいかなかっ

Part 2　事例から考える集団適応の課題と対応　　97

たことを許せる「学級風土」が育まれているからだと思います。「学級風土」を育む大きなポイントは、普段の先生の子どもたちへの接し方です。先生は、クラスの一人ひとりの子どもをあたたかく受けとめているのでしょう。

　クラスの一人ひとりの子どもたちが受容されているという安心感をもつことで、子ども同士が優しく接することができているのだと思います。一人ひとりの得意な面、不得意な面を知り、活躍できる場やサポートし合える場を学校生活の中で経験することがインクルーシブな社会を形成する上で大切なことと考えています。

★ 絶対評価と通級指導教室との連携

　体育や音楽の授業は基本的に一斉指導で行われます。この中で個々に合わせた対応を行うことは難しいです。時には他者の前で演技を行うことがあり、本人にとっては大変なプレッシャーを感じる場面になります。「できた」「できない」がはっきりとわかることから、時には自尊心を傷つけてしまうこともあるでしょう。

　DCD の子どもたちも、練習を積み重ねることで、少しずつではあっても確実に上達していきます。周りの子どもとの比較ではなく、その子自身の変化（成長）を、時系列を追って評価することの大切さを感じます。自分自身の変化（成長）に気づき、またできたことを先生から認めるといった喜びは、次に挑戦しようという意欲や自己有用感を育むことにつながると考えます。

　また、例えば通級指導教室と連携し、縄跳びや鍵盤ハーモニカなどを個別に取り組むといったことはどうでしょう。苦手と思っていたことが少しずつできるようになる。そうした喜びを経験してほしいと思います。

参考文献
北洋輔・澤江幸則・古荘純一（2022）『DCD・不器用な子も楽しめるスポーツがある社会のために―運動に悩む子・先生・コーチへのメッセージ』金子書房
中井昭夫・若林秀昭・春田大志・小野ひろみ（2022）『イラストでわかる DCD の子どものサポートガイド―不器用さのある子の「できた！」が増える 134 のヒントと 45 の知識』合同出版

学齢期（小学校）

12 ゲームへの依存が心配な子ども

　ゲーム行動症（依存症）（Gaming Disorder）は、2019 年に WHO（世界保健機関）が新たな疾病として国際疾病分類（ICD-11）に加えられたものです。「ゲームに熱中してしまい、ゲームに費やす時間を自分でコントロールできなくなり、個人、家庭、社会的、教育的、職業的またはその他の重要な機能分野において著しい支障をもたらす」とされています。「ゲーム」とはデジタルゲームなどのコンピュータゲームを指します。

　依存症とは「それなしではいられない」状態のことです。依存するということに対して、「意志の弱さからコントロールできない」と思われがちですが、依存症は意志の弱さから陥るというわけではありません。気持ちがいいという快感が出発点となっていることが多いとされています。

　脳が十分に発達していない幼児期・児童期の段階からゲーム行動症（依存症）のような状態になると、将来にわたって影響が続く可能性があると考えられています。

事例紹介──先生と保護者からの相談

　TAKESHI（仮名）さんは小学校 5 年生の男子です。このところ不登校傾向が顕著になってきました。担任の先生は、以下について心配されていました。

　・学校に来てもぼんやりしていて無気力さを感じること。

　・休むことや授業中に寝てしまうことが増えたため、学習面に支障がでてきていること。

　・学校で注意をしても改善がみられないこと。

　保護者からお話を伺うと状況がわかってきました。

　・学校から帰るとまずゲームを始める状況であること。

Part 2　事例から考える集団適応の課題と対応　99

・夜中までゲームを続けてしまい日常生活のリズムがくずれていること。

・朝起きられなくなり、学校を休みがちとなっていること。

・ゲームをやめるよう注意すると激しく怒ること。

先生も保護者もどのように対応していいのか困っていました。

先生・保護者とお話ししたこと

★ 本人との話し合いから進めていく

ゲーム行動症（依存症）では、「昼夜逆転」となり、「朝起きられない」ことから「不登校」や「ひきこもり」につながることが報告されています。

こうした傾向の子どもたちの話を聞いてみると、自分自身でも「やっぱりまずいなと感じている」ということが多いそうです。

自分ではコントロールできなくなってしまい困っている状態と考えられます。まずは、学校とご家庭で、本人のその気持ちを受け止めることからはじめましょう。頭ごなしに「ゲーム、やめなさい！」ではなく、その背景を探ることが大切と考えます。ゲームへの思いや没頭してしまう要因、日常生活の中でのストレスなどを聞き取り、整理してみましょう。

・なぜ、長時間ゲームを行うことが必要なのか。

・ゲームに熱中してしまう自分をどう捉えているのか。

・日常生活の中で、困難を感じていることはなんなのか。

実は日常生活から逃避したい気持ちが、ゲームへの依存につながる要因となっていることがあります。学校では感じられない達成感をゲームでは感じることができる。ストレスのたまった心理状態を、払拭してくれる身近で手軽なものがゲームだということです。

そうしたことを踏まえながら、「どのようにしたらゲームの時間を減らすことができるのか」「ゲーム以外の活動をどうしたら充実させることができるのか」といったことを一緒に考え、試行錯誤していきましょう。

★ 夢中になれること、楽しみなこと

　依存症（アディクション）からの回復は、新しい生き方の追求ともされます。日常生活の中に新たな経験を取り入れていくことが1つの方法です。スポーツや習い事を始めることや、料理、音楽鑑賞、釣りなど、夢中になれるような新たな趣味を模索することもよいでしょう。新たな発見をしたり、上手にできるようになったりすること、学校や家庭の身近な人たちが応援し、努力した姿を認めてくれたりすることは、前向きな気持ちにつながるはずです。

　ゲームに頼らず、何かに挑戦することで達成感を感じ、自己実現につながる経験を積み重ねること、それが子どもたちの内面的な力を育むことにつながるのではないでしょうか。

★ 第三者の力を借りる

　担任や保護者といった身近な人との話し合いでは、本人が素直になれないことがあります。これまで注意されてきたり、叱られてきたりといった関係であればなおさらです。思春期にさしかかった頃の、自立に向けた第二次反抗期が始まっていれば難しさは一層増すことでしょう。

　そうした時にはスクールカウンセラーなど、第三者の力を借りることが効果的なことがあります。第三者としての立場から、ゲームへの思いや、没頭してしまう原因、日常のストレスなどを聞き取るとともに、担任の先生や保護者の思いを伝え、関係性の再構築を担う仲介役としての役割も期待できます。

　また、第三者との関係づくりは、担任の先生や保護者に直接相談しにくい内容への対応も可能になります。本人を中心として、関わる人々がチームとなり連携・協働しながら、ゲームを適度な楽しみとなるようにしたいものです。

参考文献
樋口進（2018）『ネット依存・ゲーム依存がよくわかる本』講談社
WHO（世界保健機構）「ICD-11」https://icd.who.int/en（2022.11.10 閲覧）

学齢期（小学校）

13 学校でお話ができない子ども

　家庭では普通に話すことができるのに、学校などでは話すことができない「場面かん黙」とされる子がいます。「話さない」のではなく、話したいと思っても「話せない」のです。加えて「笑えない」「動けない」といったことが伴っている子もいます。不安を感じやすいことや、極度の恥ずかしがり屋、ことばの発達や社会性の課題など、原因は一様ではありません。不安症の中の1つともされています。

　学校で友だちと楽しく話すことや、授業で自分の考えを発表するといった多くの子にとって当たり前のことができません。授業中に発表したい、友だちともっと自由に話したい、そうした自己表現したい意思があっても、自分の思いや考えを伝えられない辛さを感じている子どもたちといってよいでしょう。

事例紹介——先生と保護者からの相談

　KANAKO（仮名）さんは、小学校6年生の女子です。学校では、授業中にみんなの前で音読をすることや、発表をすることができません。少しずつ、担任の先生や数人の決まった友だちとは休み時間など話ができるようになってきました。

　家庭では、2歳下の妹や友だちと元気よく大きな声で歌ったり、はしゃぎ回ったりするそうです。テレビのクイズ番組が好きで、お手伝いもよくしてくれるとのことでした。小さな時から人見知りが強く、近所の方や宅急便の配達の方などが来ると、途端に口をつぐみ家族の背後に隠れたりすることが気になっていたそうです。保護者は、幼稚園でも小学校の授業参観でも、話したり発表したりする姿を見たことがないと話していました。

　先生も保護者も、学習面では問題がないことから、何とかなるだろうと考え

ていたのですが、あっという間に高学年になり、中学校への進学や、その先の
ことを考えると不安が高まってきたとのことです。家庭や学校での今後の対応
について、アドバイスがほしいとのことでした。

先生・保護者とお話ししたこと

★ 家庭と学校との連携について

　場面かん黙は、家庭ではごく普通に話していることから、家庭での気づきが
遅れる傾向があります。

　一方、学校で話さないことは、気になることではあります。しかし、授業を
進める上で他児にとって特に支障とならないことや、学習面などでも問題ない
場合は、無口なしゃべらない子という個性として捉えられ、特に改善に向けた
働きかけが行われないままになることがあります。

　時間とともに、取り巻く人々の理解・配慮が定着し、授業の音読では当然の
ように飛ばしてくれたり、発表の指名がされなかったり、グループワークでは
誰かがプレゼンをまとめて発表してくれり……。優しい思いやりに満ちた温室
での生活となっていることが、長い目で見てどうなのか。本人自身がチャレン
ジする意識をもつことも大切な支援となるのではと考えます。

　場面かん黙となるメカニズムの1つと考えられていることを紹介します。自
分が慣れない環境で話をする時、人に聞かれたり見られたりすることから、心
臓がドキドキして緊張し不安を感じ息苦しくなります。しかし、話さないまま
でいると、不安感や緊張感の高まりを回避できます。「話さない」でいること
が安心や安定につながることから、定着してしまうのではないかという説です。

★ 不安感や緊張感を減らす試み

　学校で話すことに対する不安感や緊張感を減らすための対応を考えてみま
しょう。例えば、少人数での係活動や、普段話せる子とのグループワークの設
定はどうでしょう。通級指導教室や保健室の先生、スクールカウンセラーな
ど、話すことができる大人との関係を少しずつ増やしていくことも有効と考え

られます。

　無理のない範囲から、話す必要のある場面を作ること、安心して話す経験を増やす試みを行うことで、自身の思いや考えを伝えることの心地よさを感じてほしいと思います。

　場面かん黙を克服された方は、本人の意識と取り巻く周囲の環境と働きかけがタイミング良く組み合わさったことが要因と話されています。本人の心身の安定と適切なスモールステップによる働きかけで、不安を乗り越え発話ができるようになったとのことです。

　KANAKO さんのように、思春期にさしかかる時期は、仲間との関わりに悩むことや、依存しながらも自立していきたい自分に気づくといった葛藤が生まれる頃です。自分の長所に気づき、自信につながるような自己理解を進めていくことがこの時期の達成課題でもあります。学校と家庭で連携を取り、共通理解を図りながらチームアプローチを進めることで、より望ましい成長発達を促していきたいですね。

★ ICT を活用したコミュニケーション

　GIGA スクール構想が進む中で、ICT を活用する方法も有効と考えられます。例えば、本人が家庭にいる状況で、先生と携帯電話などで話す試みはどうでしょう。

　保護者と先生が話してから、次に本人と話すという手順や、スピーカーフォンに設定して話すという方法でもよいでしょう。そうしたことが可能であれば、徐々にタブレットのオンラインミーティングソフトを活用して顔の見える状態でのやりとりに発展させることや、少しずつ参加者を増やしていくなどの試みにも挑戦できるかもしれません。

参考文献
かんもくネット著　角田圭子編（2015）『場面緘黙 Q & A』学苑社
藤間友里亜・外山美樹（2021）「場面緘黙経験者の適応・不適応家庭についての研究」教育心理学研究．69, 99-115.

学齢期（小学校）

14 「過剰適応」と考えられる子ども

　集団生活において協調性は欠かせないものです。しかし、周囲の子どもたちとうまく対応し、協調性が高く、集団に適応しているように見えていても、落とし穴が潜んでいることがあります。

　一見すると聞き分けが良く素直で、全く問題を抱えていない様子に見えるのですが、相手の気持ちや周囲の意見を尊重しようとして、自分の思いを我慢して押し殺している。そうした子どもは、周囲に気を遣いながら生活しているのでストレスをためこんでいることがあります。

　とてもいい子にみえるけれども、実はストレスを抱えている。もしかすると「過剰適応」かもしれません。過剰適応の定義はきちんと定まっているわけではありませんが、「一見、集団生活に適応しているように見えても、それとは裏腹に心理的には適応しているとは言い難い状態」とされています。周囲とうまく対応するために自分の気持ちを素直に出せない、適応しているように見えて、実は不適応が潜んでいるという状態なのです。

事例紹介──先生からの相談

　JUNKO（仮名）さんは小学校6年生の女子です。クラスの中ではおとなしい、目立たないタイプです。誰とでもつきあってくれて、いつも微笑みを浮かべている、気遣いができる子といった印象です。確かに、頼まれると「NOと言えないタイプ」という感じではありましたが、十分に学校生活に適応していると思っていました。

　ところが、何の前触れもなく突然不登校になってしまったのです。家庭でも、学校でもこれまでJUNKOさんのことで心配はありませんでしたので、まさしく晴天の霹靂といった感じでした。まったくノーマークでした。どのよう

Part 2　事例から考える集団適応の課題と対応　　105

に理解し対応していけばよいのでしょうか。

先生とお話ししたこと

★「外的適応」と「内的適応」について

　私たちには「外的適応」と「内的適応」という2つの側面があるとされています（36ページ参照）。

　外的適応は、家族や先生、友だちなど外部からの要求に応じた行動をとることです。一見、周囲に適応しているかのようですが、外的適応が中心になると自分らしさが十分に発揮できなくなります。

　一方、内的適応は自分の要求や欲求に従って行動することです。内的適応は、気持ちの赴くままに行動するので、自分らしさは発揮できるのですが、他者とのトラブルは起きやすくなります。

　「外的適応」と「内的適応」の2つの適応をバランス良く行うことが、こころの安定には大切とされています。

　JUNKOさんの突然の不登校は「良い子の息切れ型」と考えることができます。「良い子」の特徴はまさしくJUNKOさんのように「おとなしくて手のかからない優しい子」であり、「周囲の人たちが望んでいることを敏感に察した気遣い行動ができる子」です。

★ 発達段階によるこころの変化

　過剰適応の傾向はあっても、小学校低学年といった幼少期では何事もなく生活できていることが多いと考えられます。しかし、思春期にさしかかる小学校高学年頃から、今までの自分を振り返り、省察し、気がつかなかった新たな自分を発見することや、本当の自分はこうではないという葛藤と向き合うことが起きます。アイディンティティの確立に向けた「自分探しの旅」などといわれますね。

　JUNKOさんは、そうした中で周囲に合わせている自分と（「外的適応」）、素直な気持ちの自分（「内的適応」）のバランスに葛藤を感じ、「良い子」を演

じてきた自分と、自分らしさを大切にしたい自分との整理がつかない状態になっているのではないかと考えられるのです。

★ 過剰適応の子どもへの対応

過剰適応の根底には承認してほしいという欲求があります。担任の先生や家族をはじめとした周囲の人間に自分を承認してもらうためなら、自身の価値観に沿わないことでも受け入れますし、自己主張することもありません。

加えて、過剰適応の子どもは助けを求めることがうまくできない傾向があります。先生や親、友人との間で波風を立てることが嫌なのです。

次のような様子は過剰適応の子どもの要因と考えられています。

・小さい頃からしっかりしているといわれてきた
・（学校での）生活態度に問題がなく目立たない
・「私はこう思う」や「やめてほしい」といった自己主張が乏しい
・周囲の人の意見や場の雰囲気を意識し過度に気を遣う
・（思春期以降）家庭での反抗的な態度や、登校渋りが現れてきた

自分自身の価値観を大切にして表現することは、子どものこころの成長にとって重要なことです。

周囲の人々の力添えによって、自身の価値観を表現し周囲に認められる経験、そして周囲の意見と自身の価値観とをすりあわせる経験を促すことが、外的適応と内的適応のほどよいバランスを体得し、心理的安定が図れるようになる上で必要なことと考えます。

参考文献
林寧哲監修（2023）『発達障害の人が"普通"でいることに疲れたとき読む本："過剰適応"からラクになるヒント（心のお医者さんに聞いてみよう）』大和出版
森下文・國本理紗子・伊藤美奈子（2023）「『不登校になれない子ども』たち―過剰適応傾向と登校動機に着目して」奈良女子大学心理臨床研究, 10, 61-72.

学齢期（中学校）

15 不登校傾向が目立ち始めた生徒

　一般的に小学校と中学校では学校生活のスタイルが大きく変化します。授業では、教科ごとに先生が変わる教科担任制が中心となり、学習の進度が早く内容も高度になります。

　また、学校によっては制服を着用することや、細かい校則が示されることがあります。他校出身の生徒たちと新しい人間関係を築かなければならないということもあります。また、部活動や生徒会活動などでは、学年上の生徒との「縦社会」があり、上下関係も経験します。新しい環境への対応が否応なしに求められます。

　これまでの小学校生活とは異なる環境や生活スタイルに順応できず、不登校が急激に増加することを「中1ギャップ」ということばで表現されています。

事例紹介——先生からの相談

　MAKOTO（仮名）さんは、中学校1年生の女子です。小学生の頃から登校しぶりがありました。特に運動会や学芸会など学校行事の際は顕著にその傾向が表われていたそうです。保護者の働きかけにより、何とか休むことなく登校していたとのことでした。

　中学校入学後は、なかなか新しい生活環境になじめない様子で、5月の連休後は1時間くらい遅れての登校が続いていました。登校の際に、保護者からかなり強く促されていたことがわかりました。担任としても、ことある度にMAKOTOさんへのことばがけを行ってきたつもりです。しかし、夏休み明けからは2時間遅れ、時には3時間遅れで登校するようになってしまいました。

　MAKOTOさんは真面目な性格で「きちんとできないといけない」と考える傾向が強い生徒と受け止めています。人間関係には特に問題があるようには

考えられませんでしたし、登校すれば教室で授業にも参加できていました。こ
れから、学校ではどのような対応を考えていけばよいでしょうか。

先生とお話ししたこと

★ イラショナル・ビリーフへの対応

　不登校傾向となる要因は多様ですが、MAKOTO さんは「イラショナル・
ビリーフ」とも呼ばれますが、「学校ではきちんとしなければいけない」とい
う思いが強いのではないかと推察されます。特に朝は、これから一日頑張らな
ければならないと思うと、そこへ行きたくない気持ちになることは十分に理解
できます。

　学校では、多くの時間を不安定な気持ちで過ごしていると考えられます。悩
みを打ち明けサポートしてもらえる方、安心できる方の存在が必要です。ス
クールカウンセラーや養護教諭など、担任以外の方でもよいと思います。本人
の意向を尊重しながらそうした関係づくりを進めていきたいところです。他者
と共有できる内容が増えていくことが、MAKOTO さんの生活しやすさにつ
ながると思います。話し合いながら無理のない目標を設定し、達成することが
自信につながります。

　それからクールダウンやリラックスできる落ち着ける場所が必要でしょう。

★ 自己理解を進める

　最終的には MAKOTO さんが自分で乗り越えられる力を育むことが必要で
す。関係のとれた方と話すことで少しずつ自己理解が進んでいきます。自己理
解を進めていく上で大切なことは、以下の3つの観点を意識することです。

　①価値観（何をしている時、どんな人といる時に幸せか、何が好きか）

　②興味関心（何に興味・関心があるのか）

　③強み（どんなことが得意なのか）

　これらが Well-Being（健康）につながるとされています。自分の得意な側
面で活躍をすることや、生活しやすくなる選択肢を知っていくことは、今後の

ライフステージにおいて自己実現を図ることにつながります。場合によっては WISC-V や KABC-Ⅱなどの発達検査などを受け、客観的な側面から自己理解を進めることも考えられます。

まずは自分の良さに気づき、自信がもてるようになることが第一です。そして徐々に自分の苦手な側面も知り、目標値を下げた取り組みができるようになることや、他者に支援してもらうことも大切です。MAKOTO さんが自分の力で乗り越えられるようになるためには、自己理解を進めてきたことを、他者に伝えられるようになることが大切でしょう。2016 年に施行された「障害を理由とする差別の解消の推進に関する法律」で示された合理的配慮にしても、「○○してほしい」という意思表示から始まります。意思表示を行うことで、自身の生活する環境を変えていくことができます。

★ 予防的な対応について（「心の健康観察」を含めて）

不登校となってしまった生徒への最終的な目標は、将来の「社会的自立」とされています。中学校期では、こころの問題への対応とともに、進路の問題への対応を考える必要があります。キャリア形成に資するこころの支援や学習支援、進路に関する情報提供などが必要です。集団適応の難しさは、学校での教育活動の難しいことにつながります。不登校や登校渋りを解消することは、社会全体の問題となっています。

児童生徒が不登校とならない学校づくりや不登校傾向のある児童生徒への未然防止の対応策として、一人一台の端末を活用した「心の健康観察」が全国で進められてきています。「心の健康観察」は自身の心理的・身体的側面の健康状態のチェックや、先生などへコメントを送ることにより、児童生徒のこころや体の状況をキャッチして予防的な対応につなげられる取り組みです。

参考文献
京都教育大学教育創生リージョナルセンター機構 特別支援教育臨床実践センター監修（2024）『新訂版　教員になりたい学生のためのテキスト特別支援教育』クリエイツかもがわ

学齢期（中学校）

16 厳しいチック症状のある生徒

チック症状には、「音声チック」と「運動チック」があります。「音声チック」には、咳き払い、ノド鳴らし、鼻鳴らし、甲高い声、意味不明なことばや他者のことばをそのまま繰り返す（エコラリア）、自分のことば尻を繰り返す（パリラリア）、「死ね・バカ・殺す」など、言ってはいけないことばを言ってしまう汚言症（コプロラリア）などの症状があります。

また、「運動チック」には、過剰なまばたき、口を尖らす、顔しかめ、首振り、肩のぴくつき、他人や物へのタッチ、匂い嗅ぎ、キック、ジャンプなどの症状があります。

トゥレット症は、自分の意志とは関係なく繰り返し起こる「音声チック」と「運動チック」の症状が多様に変化して現れ、それが1年以上に渡って継続している慢性のチック症です。トゥレット症のチック症状は、その現れ方が一様ではないことから、なかなか理解につながりにくい難しさがあります。

多感な学齢期にチック症状に対する周囲の友だちからの偏見や好奇の目は、集団適応の困難につながります。チック症状が原因で不登校となったり、自己肯定感が低下してしまったりすることが報告されています。強迫神経症やADHD、自閉スペクトラム症と併発しているケースも多いです。

事例紹介──先生からの相談

TAKUYA（仮名）さんは、中学校2年生の男子です。思春期に入ったこともあり「チック症状」に対する周りの目がすごく気になると話しています。授業中はチック症状を我慢しようとすることで疲れてしまい、ストレスもたまりイライラしてしまうそうです。

最近、運動チックの状態がひどく、ノートを取っている時に手が大きく動い

Part 2　事例から考える集団適応の課題と対応　　111

てしまい鉛筆でノートを破いてしまうことがあります。また、「音声チック」では、テスト中に問題文を読みあげてしまいたい衝動が起き、必死で我慢しているそうです。

　同じ部活動の先輩から運動チックの症状に対して「お前のその動き気になる。やめろ」と言われ、わざとではないことを説明してもわかってもらえないことで悩んでいるとも話していました。どのような対応を行っていけばよいのでしょうか。

先生とお話ししたこと

★ 周囲の理解を進めましょう

　音声チックや運動チックの症状は本人の意思にかかわらず出てしまいます。しかし、周囲からは「わざとやっている」と受け止められたり、「目立とうとしている」と誤解されたりすることが少なくありません。

　周囲からの好奇の視線や、症状を揶揄されたりすることは、それを止めることのできない本人にとって、集団生活の困難さに直接的に結び付くことです。本人を取り巻く人々の理解の推進のために、本人や保護者の了解を取りながら「わざとではないこと」などを伝え、トゥレット症の理解を進めることや、本人が我慢する必要がなく、ありのままで過ごせるような学校（学級）風土づくりが、最も大切な配慮となります。

　近年は当事者の方が、SNSやテレビ番組を通じてトゥレット症の理解啓発を広げようとする取り組みを行っています。

★ 合理的配慮を考える

　トゥレット症の当事者は、音声チックや運動チックの症状により、以下のような悩みがあります。

　・周りの迷惑になって申し訳ないと考えてしまう

　・周囲の目が気になり、学校で過剰に気を遣ってしまう

　・気遣いで疲れてしまい学習に集中できない

・症状がひどくて学校に行けない

・周りの子どもから文句を言われる

　試験の際の別室受験、運動チックによって書けない状態の場合は、時間の延長や口頭での回答などの合理的配慮が必要になると考えられます。入学試験でそうした措置を受けるためには、定期考査などでそうした配慮を受けていたことを個別の教育支援計画などに明記し、事前に受験する高等学校に申し出ることが必要です。

　症状が重篤になり、登校できない状態となってしまった場合などは、別室や自宅でオンラインでの授業を受けることができるようにすることも合理的配慮として実現したいことです。

★ 本人らしく生活できるように

　チック症状は出ているだけでも疲れてしまいます。我慢しようと思えばある程度我慢できるため、当事者の方はなるべく人前では出さないようにしようと頑張っていることがあります。しかし我慢することによる不全感は当然伴いますし、疲労感を一層強く感じてしまうことにもなります。校内に一次的に避難できる場所の準備や、思いっきりチック症状を出すことができる部屋などの対応があるとよいと考えます。

　ある当事者の方は、「チックを出したとき、『どうしたの、大丈夫?』と聞かれると逆にどうしていいかわからなくなる」、そして「できれば、何事もなかったように接してほしい、安心してチック症状が出せる環境が大切」と話されていました。

参考文献
金生由紀子編（2017）「チックとトゥレット症」こころの科学，194.
NPO法人日本トゥレット協会編（2018）「チック・トゥレット症ハンドブック―正しい理解と支援のために」NPO法人日本トゥレット協会

学齢期（中学校）

17 別室登校の状態が続いている生徒

　登校はするのですが、自分の教室に行かず校内の別の部屋で過ごしたり、大半を別の部屋ですごし一部の授業だけ教室で受けたりすることをいつとはなしに「別室登校」と呼ぶようになりました。

　保健室や図書館、進路指導室、カウンセリングルームなどを別室として利用する場合が多いようです。別室登校は、不登校状態の子どもが学校生活に戻ろうとする際、いきなり教室での学習に参加するのはハードルが高いことを考慮し、教室以外の部屋に居場所を作り、段階的に教室復帰を目指すための手立てや、逆に不登校になりそうな子どもの緩衝材的な役割の手立てとなります。

　別室登校のメリットとしては「休み時間に友だちと交流できること」「生活リズムを保てること」「欠席扱いとならないこと」「教室に戻れる機会や動機を得やすいこと」などが挙げられます。

　一方、デメリットとしては、「自習の機会が多くなることで、学習の遅れが生じやすいこと」「別室の居心地がよくなってしまい、教室に戻りたくなくなってしまうこと」、また時には「友人の目が気になり別室から出られなくなってしまうこと」などが挙げられます。

事例紹介——先生からの相談

　YOUSUKE（仮名）さんは、中学校2年生の男子です。小学校の低学年から不登校となってしまいました。小学校3年生頃から徐々に登校できるようになったものの、ほとんど別室登校の状態で過ごしてきました。個別の学習塾に通うことができており、学力的に遅れはない状況です。

　中学校入学当初は環境が大きく変わったこともあって、校門まで来るのがやっとでしたが、少しずつ別室で過ごし、学習に取り組むことができるように

なりました。中学校2年生になった4月からは、昼食をはさんで午後も学校（別室）で過ごせるようになりました。しかし、教室で他の生徒たちと一緒に授業を受けることや行事への参加は自信がないとのことで、難しい状態です。本人は高校に進学したいという希望があり、高校では友だちと一緒にクラスで授業を受けたいという思いを口にします。どのように対応していけばよいのでしょうか。

先生とお話ししたこと

★ YOUSUKEさん自身がつくる壁について

　私たちには、防衛機制というこころの働きがあります。自分を不安やストレスから守るために無意識の内に発揮されるものです。防衛機制の中には「逃避」「否認」と呼ばれるものがあります。「逃避」は本人としても意識しないうちに困難と感じることから逃げたり、避けたりしてしまうことです。また「否認」は受け入れ難い現実や、不安やストレスの原因となる不快な出来事から目をそらし現実を認識しないようにすることです。

　YOUSUKEさんは、学校生活の初期の段階で何かしら「難しいと感じてしまうこと」や「できないと思ってしまうこと」があったのではないでしょうか。それを解決する術が見つからないことから、自らが作った壁の中に入り込むことで学校生活の不安やストレスから自身を守ろうしてきたのかもしれません。

　今大切にしたいことは、YOUSUKEさんが将来の自分の目標とする姿を思い描き、先生に話していることです。この思いは、YOUSUKEさんが自身を変革する契機になる可能性があります。「変わりたい」「こうなりたい」という思いが、自身の目標に向け、壁を乗り越えるためのエネルギーとなるからです。

★ 認知行動療法的アプローチについて

　物事の受け止め方・考え方、あるいは思考パターンなどのことを「認知」と

Part 2　事例から考える集団適応の課題と対応　115

捉えることができます。出来事が起きた時や何か言われた時、あるいは何かしようとする時に「どう受け止めるか」「どう考えるか」は個々の認知的側面からの影響を受けます。YOUSUKE さんの「友だちと一緒にクラスで授業を受けたい」という思いの実現に向けて、少しずつ「できること」を増やしていくことが効果的な取り組みと考えられます。

　例えば「別室から出てみる」「廊下を歩いてみる」「自分のクラスのある階まで行ってみる」「自分のクラスの前まで行ってみる」といったように、目標までのスモールステップを組んでチャレンジしていくのです。YOUSUKE さん自身が「できた体験」を積み重ねることによって、これまでとは違う自分を認識できるようになってきたらしめたものです。少しずつ「できる」という実感を積み重ねることで自信はもとより、次のチャレンジへの意欲を高めることができます。私たちが「こうなりたい」と思いを抱くことは、自己変革を促す上でとても大切なことです。

★ 生徒との「個別の指導計画」の共有について

　「個別の指導計画」を YOUSUKE さんと先生で話し合いながら、目標までの達成段階表（ラーニングマップ）を作り、共有することで、「これまで」と「これから」の見える化を図ることも良い方法です。これまでに達成できたことや、これからの課題が見えることは、YOUSUKE さん自身が変容してきたことの理解につながります。自己変容の認識は、今後も継続して取り組もうとするモチベーションを作り出してくれることでしょう。YOUSUKE さんが自身の力で、壁を乗り越えようとする実体験は、これからの生活に大きな影響を与えると考えます。

参考文献
相澤雅文・佐藤克敏編著（2010）『「個別の指導計画」の作成と活用』クリエイツかもがわ
伊藤絵美（2017）『認知行動療法入門　BOOK1』医学書院

学齢期（中学校）

18 性的マイノリティと考えられる生徒

性別というと、従来は一般的には男性と女性という2つの枠組みで捉えられがちでした。しかし近年は、私たちには生まれもった物理的な「からだの性」、自分自身の性別をどう認識しているかという「こころの性（性自認）」、さらに好きになる恋愛対象としての「性的指向」など、性に関する要素が複数あり、その組み合わせが実に多様で複雑であることへの理解が広がってきています。

性的指向や性自認が大多数の人と異なる、性的マイノリティ（性的少数者：セクシャルマイノリティ）の人々を「LGBTQ＋」※と表現されることも多くなりました。また、Sexual Orientation（性的指向）と Gender Identity（性自認）の頭文字を取った「SOGI」という表現が使われることもあります。

多くの人々が集って生活する学校では、プライバシーに関しても比較的オープンな環境の中で、性同一性の課題及びLGBTQ＋への理解と対応が求められるようになっています。

※LGBTQ＋
・L：レズビアン（女性だが、女性が恋愛対象となる人）
・G：ゲイ（男性だが、男性が恋愛対象となる人）
・B：バイセクシュアル（男性・女性どちらも恋愛対象になる人）
・T：トランスジェンダー（生まれた時の性とは違う性を自認している人）
・Q：クエスチョニング or クィア（自分の性のあり方がわからない、または、決めていない人）
・＋：プラス（LGBTQに当てはまらない、多様な性の感覚の人）

事例紹介──先生からの相談

母親から相談を受けました。SAEKO（仮名）さんは中学校2年生の女子です。2泊3日の宿泊訓練がきっかけで欠席し、まったく学校に来なくなってしまいました。母親が、辛抱強く理由を聞いたところ、ポツリポツリと話し始めたそうです。それは次のようなことでした。

Part 2　事例から考える集団適応の課題と対応　117

小さな頃からなんとなく自分は男の子だと思っていた。小学校では、赤いランド
セルがいやだった。プールの着替えやトイレに行くのも恥ずかしくてとてもつらい
気持ちだった。中学校に入った頃から生理が始まって……。頭では理解しているも
のの気持ちのうえでは自分自身への違和感がすごく強くなった。自分はおかしいの
だろうと思うし、罪悪感もあって自分を責めてしまう。宿泊訓練は一緒にお風呂に
入らないといけない。入らないで我慢してもいいけれど、2日も入らないのは不潔で
嫌だ。これまでも男の子として扱ってほしいという思いはずっとあったけれど、ど
う伝えらたらよいかわからなかった。もしかするとからかわれたり、いじめられた
りするのではないかとも思い怖かった。勉強は大切だと思うし、学校には行きたい
気持ちがある。

　「本人から許可をもらって先生に話しています」とのことでした。どのよう
に、理解し対応していけばよいのでしょうか。

先生とお話ししたこと

★ SAEKO さんをエンパワメント

　SAEKO さんが自分の思いを素直に打ち明けられるまでに、どれだけ悩まれ
たことでしょうか。思春期に性的マイノリティであることを周りに話せない背
景として、性は秘められたものという感覚から性を話題にすることへのためら
い、性的マイノリティに関する偏見や差別的な情報を視聴した経験、一般的な
常識と異なる感覚である自身への不安などがあると考えられます。それらを乗
り越えてご家族や先生に自分の思いを打ち明けられことを、しっかり受け止め
たいですね。

　「SAEKO さんの思いは、悪いことでも恥ずかしいことでもなく、あなたは
あなたの思いに素直になって、あなたらしく生活していくことが大切だと思う
よ。先生はあなたの応援者になるよ」と、SAEKO さんの心情に配慮した、エ
ンパワメントするメッセージを伝えたいです。

★ 学校の受け入れ体制の構築

　SAEKO さんの支援については、学校の対応について教職員で共通理解を図ることから始めましょう。保護者と SAEKO さんの同意を得て、相談を受けた先生だけではなく、管理職や養護教諭、スクールカウンセラー、学校医、時には専門家を交えてサポートチームを作り組織的に取り組むことが必要と考えます。繰り返しになりますが、サポートチームを作る理由や、秘密の遵守などについて本人・保護者に十分に説明し同意を得ながら進めていきましょう。安心と信頼関係の構築が必須のことです。

　登校の際の制服、体操服に着替える場所、保健室や多目的トイレの利用など、保護者も交えて SAEKO さんが感じている違和感や思いを聞き取りながら、具体的な配慮・対応の方法を話し合って決めていきましょう。また、その際には周囲の生徒への対応との均衡についても留意する必要があります。

　SAEKO さんや保護者と相談する機会を定期的に作ること、新たな要望がある時、困った時の相談窓口などについても話し合っておきたいことです。

　中学校 2 年生ですので、進路やその先の未来のことなどについても話す機会を大切にしていきたいですね。必要に応じて個別の教育支援計画に記載し、進学先への引き継ぎについても検討していきましょう。

参考文献
文部科学省（2016）「性同一性障害や性的指向・性自認に係る、児童生徒に対するきめ細かな対応の実施等について（教職員向け）」
社会応援ネットワーク（2021）『図解でわかる 14 歳からの LGBTQ＋』太田出版

Part 2　事例から考える集団適応の課題と対応　　119

学齢期（中学校）

19 友だちの物を盗ってしまう生徒

　友だちの物を盗ってしまう。ハンカチや消しゴム、下敷きなど、特に高価な物ではなくとも、窃盗罪が適用されてしまいます。被害者（または保護者）などが警察に通報した場合、未成年は少年審判を受けることが原則となり、保護観察や少年院送致などの「保護処分」となることがあります。校内で対応された場合でも、仲間との信頼関係を損なってしまい、将来の生活にも大きな影響を及ぼしかねない行為です。

　友だちの物を盗ってしまうという行為の背景には、対象生徒への嫌がらせの気持ちからということも考えられますし、特定の物品へのこだわりや、欲しい気持ちを抑えられない衝動性、あるいは知的側面の遅れから判断力に欠けるなどの発達上の課題が要因とも考えられます。

　しかし、中には盗むという行為をしている瞬間の緊張感や、成功した時の満足感を味わうといったことへの依存心や、辛いことから目をそらすために盗むという行為を行ってしまうことといった、精神的・心理的背景が要因となっていることがあります。

事例紹介──先生からの相談

　MINAKO（仮名）さんは中学校3年生の女子です。最近、クラスの中で生徒の物が紛失してしまうことが頻発するようになりました。ホームルームで注意を呼びかけると一時的になくなるのですが、しばらくするとまた起きます。体育館や音楽室、理科室など特別教室などでの授業があった際に起きていることがわかりました。

　また、不登校傾向のあるMINAKOさんが登校した日、さらには体調が悪いため保健室に行っている時に起きています。明確な証拠があるわけではありま

せん。しかし、クラスの生徒たちもなんとなくそのことに気づいているようで、クラスの雰囲気が良くありません。中学3年という時期でもあり、とても微妙で配慮を要することなので困っています。どのように理解し対応していったらよいのでしょうか。

先生とお話ししたこと

★ MINAKO さんへの支援の検討という視点から

　状況だけで判断することはとても危険です。MINAKO さんの人格や今後の人生に関わる重大なことですので慎重に進める必要があります。犯人捜しというよりは、MINAKO さんの現状を鑑み、支援の手を差し伸べるという方向性で取り組むことが大切と考えます。

　MINAKO さんは不登校傾向があるとのことですので、何かしら心理的な負担を感じていることがあると考えられます。MINAKO さんの興味・関心やこだわりの状況や衝動性、知的側面の力をアセスメントし理解したいと思います。また、クラス内の人間関係や家庭の状況といった MINAKO さんを取り巻く生態学的環境や、失敗体験が続き、自己肯定感が下がっていないかという最近の心理状態も知りたいところです。認知面の力や行動特性を知ることができたからといって、解決につながるわけではありませんが、MINAKO さんが生活しやすい環境調整ができるようになる可能性があります。

　スクールカウンセラーによる対応は可能でしょうか。可能であればカウンセリングを受けてみることも1つの方法と思います。こころの専門家との対話から、本人の素直な気持ちが聞き出せる可能性があります。その見立てによっては、児童相談所や児童精神科などへの相談も視野にいれましょう。児童精神科では知能検査の他にも、性格検査や本人とのカウンセリングを通じ、本人がこれまで語れなかった心情がわかる場合がありますし、それが今後の MINAKO さんへの関わり方のヒントになると考えます。

★ 依存症としてのクレプトマニア（Kleptophilia：窃盗症）の理解

　「発達的な課題が特に考えられないのに盗癖がある」ということもあります。例えばクレプトマニアは、アメリカの精神医学会の診断基準であるDSM-5において、「窃盗症」と記載されている精神疾患です。クレプトマニアとなる要因は、ストレスや依存によるものとされています。ストレスや不安、寂しさなどを感じ、その感情の穴埋めをするために、盗むという行為に及んでしまうのです。盗むという行為によって気持ちを満たしているといってもよいでしょう。時には盗むという行為が習慣化してしまうことがあります。盗むという行為は罪悪感があり反省するのですが、時間が経つとまた盗みたくなる自分を制御できず、繰り返してしまうのです。

　こうした状態である場合、罰を与えることや本人のみに頑張らせるということで解決することは難しいとされています。家族や先生といった身近な人々がクレプトマニアの症状を理解した支援が求められるのです。専門機関と連携しクレプトマニアの傾向がないかを精査し、治療という側面からの対応を最優先で考える必要があります。

★ 正直に認めた時の対応

　嘘をついたことを認めた時と同じように、正直に本当のことを認めた時の対応が大切です。厳しい叱責は逆効果とされています。まずは正直に盗んでしまったことを話せたことを認めます。次に、盗むという行為は絶対にしてはいけないことを確認し、これからどうしたらよいのかについて一緒に考えます。謝罪の必要性や相応の罰を受けることについても共有します。

　その後、改善の兆しが見られないのであれば、医療や司法の力を借りることや矯正教育の必要となることを考えなければいけません。

参考文献
文部科学省（2022）「生徒指導提要」
滝川一廣（2017）『子どものための精神医学』医学書院

学齢期（中学校）

20 「聞き取り困難症」が疑われる生徒

　聴力検査を行っても、特に異常は見られない。それにもかかわらず、ことばを聞き取り意味理解することが難しいという症状。近年この症状のある人が少なくないことがわかってきました。「聴覚情報処理障害」：APD（Auditory Processing Disorder）、あるいはLiD（Listening Difficulties）」と呼ばれる症状です。AMED（国立研究開発法人日本医療研究開発機構）では「聞き取り困難症」としLiD/APDと表記しています。特に次のような状況でことばを聞き取ることの難しさが顕著になると報告されています。

　・雑音のある環境の中での聞き取り

　・複数の人との会話している際の聞き取り

　・早口や小さな声で話す人の聞き取り

　・マスクをして話す人の聞き取り

　海外の研究では、小児期の2〜7%にLiD/APDが疑われる可能性があるそうです。35人学級であれば1クラスに1〜2人程度のLiD/APDの症状を示す子どもがいることになります。

　学齢が上がるにつれてLiD/APDの症状が重篤化していくという研究があります。また、身近にいる保護者であっても、その症状に気づきにくいということが報告されています。聞き取りに困難があるということは、学習や言語習得、仲間関係づくりに大きく影響を及ぼす可能性があります。

事例紹介——先生からの相談

　YUI（仮名）さんは中学校2年生の女子です。同級生とトラブルを起こしてしまうことが多く、本人にその理由を尋ねても、その説明は要領を得ません。そうしたある日、またトラブルが起きました。コロナ禍でマスクをするように

なってから、トラブルが顕著に増えたように感じます。友だちから「無視している」「反応が無く感じが悪い」「やる気がない」と言われたとのことでした。YUIさんに「友だちから話されたこと、わからなかったの？」と聞くと、「うん……。はっきりと声は聞こえるけど、何を言っているのかわからない」とのことでした。それがYUIさんの起こすトラブルの原因ではないかと思いました。

　詳しく聞いてみると、「グループワークで話している時に声が重なり合うと、うまく聞き取れないこと」や「早口や声の小さな先生の説明は聞こえているけど理解できないこと」などがわかりました。どのように理解し対応すればよいのでしょうか。

先生とお話ししたこと

★ LiD/APDの理解を進めるために

　学校では、従来から学習の場面において「聞き取る力」は大切なこととされてきました。近年はさらに「対話的な学び」や「協働的な学び」が求められ、グループワークなどが積極的に導入されるようになりました。

　他のグループの話し声が聞こえてしまうことから、グループワークはLiD/APDの聞き取りにくいという症状が顕著に現れる環境です。LiD/APDの症状は聴覚の異常ではないことから、耳鼻科健診などで指摘されることはありません。また発達障害支援法（2005）でも支援対象として認識されていません。当然のこととして、LiD/APDの症状への理解は進んでいません。そのため、自身のそうした難しさに気づくことすらできていない子どもが多いと考えられます。

　学校での生活のしやすさのためには周りの人の理解やサポートが不可欠です。雑音がある環境や、複数の人が同時に話をする時の聞き取りの難しさに気づいてくれる方が必要です。「あれ？もしかしてLiD/APDなのかな」と捉えてくださる方が必要なのです。先に紹介したAMEDでは学齢期を対象としたLiD/APDのスクリーニングの開発が進められています（Sakamot *et. al.*, 2024）。

★ 学校で対応できること

　話し手の声は、聞き手との距離が離れるほど小さくなり、雑音の影響があると、一層話の内容を聞き取ることが難しくなります。授業の際には先生の声が聞き取りやすく、先生に直接話しかけることができる席にすることが望ましいです。

　活動の途中で説明を始める際には、名前を呼んだり肩を軽くたたいたりして注意を向けてから話し始めることや、アイコンタクトを取り理解の様子を量りながら進めていくことに留意しましょう。また、口頭による教示だけではなく、パワーポイントやワークシート、板書を充実させるなど、視覚支援を併用することが効果的です。

　グループワークなどを行う際には、大勢の人が話している環境の中ではより話を聞き取りづらい状況となります。グループのメンバーには、誰が話しているのかわかるように軽く挙手してから話すことや、マスクをはずし口の形が見えるようにして話すこと、1人ずつはっきりとした口調で話すことなどへの協力をお願いすることが考えられます。

　聞き取りの状態が非常に悪いのであれば、耳鼻咽喉科への相談や、補聴援助システム（例えば、フォナックのロジャーなど）の使用を検討することが必要ともされています。補聴援助システムでは、先生の話を聞く際には指向性マイク、グループワークの場合には集音方向自動調整マイクといったように使い分けるとよいとのことです。

　自身でできることとしては、新聞などを読むことで語彙力を高めることや、ラジオや朗読（CD、オンライン）などを傾聴する経験を増やすことにより聞き取る力や集中力を高めることが有効とされています。

参考文献
小渕千絵監修（2021）『APD（聴覚情報処理障害）がわかる本 聞きとる力の高め方』講談社
阪本浩一（2021）『マンガでわかる APD 聴覚情報処理障害』法研
Sakamoto, H., Sekido, T., Sakamoto, N., Obuchi, C., Yoshida, H., & Shintani, A. (2024) Survey of students and guardians for assessing the early detection of auditory processing disorder and listening difficulties in school-age students. *International Journal of Pediatric Otorhinolaryngology*, 176.

学齢期（高等学校）

21 ヤングケアラーの生徒

　近年、ヤングケアラーということばを耳にするようになりました。『子ども・若者育成支援推進法（2024改正）』では、「家族の介護その他の日常生活上の世話を過度に行っていると認められる子ども・若者」として、ヤングケアラーを国・地方公共団体などが各種支援に努めるべき対象としています。

　障害や病気の家族のために、買い物・料理・掃除・洗濯などの家事をしているケースや、兄弟姉妹の世話をしているケースなどがあります。

　子どもが子どもらしく伸び伸びと生活できないことや、果たさなければならない家事や見守りなどの責務の重さにより、学業や友人関係などに影響を及ぼすことが心配されています。

事例紹介──先生からの相談

　RIKAKO（仮名）さんは高等学校1年生の女子です。2学期に入ってから学校を休む日が顕著に増えてきました。母子家庭であることから、母親は家計の維持のために朝早くから仕事に出かけ、帰宅は午後8時頃になるそうです。

　RIKAKOさんはそんな母親の代わりに、幼い弟にご飯の支度をし、園までの送り迎えをしているとのことです。この頃は高校を中退することも考えていると話しています。遅れてきた学業のことや経済的なこと、そして弟のことを心配しているようです。

　先日、弟がゲームを夜中までするので、朝起きられないと話していました。RIKAKOさん自身も生活リズムがかなり崩れてきているようです。学校から電話をしても出ないことが多く、たまに出ても「弟を送ることができたら学校に行きます」といった状態です。RIKAKOさんは真面目で、物事に一生懸命取り組む生徒です。これからどのように対応していけばよいか悩んでいます。

126

先生とお話ししたこと

★ 家庭における RIKAKO さんの状況を把握する

　RIKAKO さんはヤングケアラーの状態と受け止めてよいでしょう。ヤング
ケアラーは、家庭内のデリケートな問題に根ざしているケースが多いことか
ら、本人や家族が問題を抱え込み、周囲の人々に顕在化しにくい状況に陥りや
すいことがあります。

　本事例も、家計を支えるために働いている母親の代わりに、「困ったときに
は家族で支え合うのは当たり前」という思いから、RIKAKO さんが弟の面倒
をみることになったのでしょう。一見、自然な流れ、RIKAKO さんの優しさ、
責任感からの行為とも受け止められる構図です。

　しかし、自分よりも家族を優先し献身的に責務を果たさなければならないた
め、徐々に自身の生きづらさにつながっていくことが懸念されます。遠慮や気
遣いの連続といった自分らしさを発揮できない状況は、情動的安定を保ちづら
くすることがあります。

　RIKAKO さんの学校を休もうとする理由が「弟の情緒の安定や、家族生活
に波風を立てないための対応」であるとするなら、親に代わって兄弟姉妹の面
倒をみて、自身のことは後回しにするという姿です。アダルトチルドレン（子
ども時代に親や養育者との関係の中で負った何らかの心的外傷が現在の生きづ
らさや人格形成に影響している状態）といった心理的な側面からのケアを念頭
におくことも必要と考えます。

★ RIKAKO さんの気持ちに寄り添い話を聞く

　地方自治体などによる、ヤングケアラーの現状把握は十分に行われていない
のが実状です。一緒に過ごす時間の多い学校の先生などが気づかなければ見過
ごされてしまいがちなことです。欠席の増加から RIKAKO さんの置かれてい
る状況に気づかれたことは幸いなことです。まずは、先生やスクールカウンセ
ラーで RIKAKO さんが果たしてきた役割を認め、リスペクトしながら、

Part 2　事例から考える集団適応の課題と対応　　127

RIKAKO さん自身の素直な思いを語れる場を作ってほしいと考えます。

　RIKAKO さんが将来自立した社会生活を送るためにも、自身のことを振り返り、これからのことを考える機会を作ることが必要です。マインドマップなどを活用し、これまでの出来事や自分の思いを整理することも有効でしょう。

　マインドマップとは、私たちの思考のプロセスを可視化するものです。中心となる事柄から、自身が発想することを紐付けし記していきます。そうすることで発想の関連性を整理することや、事柄に関連することを効果的に記憶できるとされています。例えば「将来のこと」を中心として「仕事」「家庭生活」「趣味」「恋愛」などについて自分の思いを具体的に記載していくことで、自分の考えを整理し理解することができます。

★ 他機関との連携を進める

　ヤングケアラーに対しては、福祉・医療・教育・労働など様々な分野の関係機関が連携してのアウトリーチによる支援が重要とされています。気づきは学校であっても、学校だけでは対応できることではありません。特に高等学校は生徒が通学する圏域が広く、家庭のある居住地の状況把握が十分にできませんし、家庭訪問でさえも難しいと考えられます。

　本事例も、家族の生活保障と生活改善、RIKAKO さんの今後の処遇、弟への対応など多様な課題が山積しています。特別支援学校のセンター的機能、福祉事務所のソーシャルワーカー、児童相談所などを活用し、機関連携の構築により支援につなげていく必要があると考えられます。また、ヤングケアラーを対象として、ケアラー支援事業や人材育成事業などを展開する専門機関もできていますので、そうした機関とつながることも考えましょう。

参考文献
村上靖彦・澁谷智子・朝田健太（2022）「ヤングケアラー——家族主義的福祉・貧困の連鎖・子どもの権利」現代思想　2022 年 11 月号
澁谷智子（2018）『ヤングケアラー——介護を担う子ども・若者の現実』中央公論新社

学齢期（高等学校）

22 教師へ反抗的な態度をとる生徒

　大人に対する反抗的な態度は、通常発達の道筋をたどる子どもたちにも見られます。例えば第一次反抗期（1歳半～3歳頃）、第二次反抗期（11～17歳頃）と名付けられているそれらは、将来の自立に向けた一里塚でもあります。

　しかし、9～10歳未満の子どもに怒りや易怒的な気分が頻回に起きる場合は、反抗挑発症（ODD: Oppositional Defiant Disorder）とされることがあります。反抗挑発症は、軽度の素行症（CD: Conduct Disorder）であると位置づけられています。

　高校生となると素行症へと移行していることが心配されます。素行症は、人や動物への攻撃、所有物の破壊、虚偽または窃盗、重大な規則違反といった社会から要求される規範や規則を守らない行動の反復、持続などの症状があるとされています。社会的に非行として処遇され、いたずらのレベルを超えた犯罪にもつながる行動がみられる時は、矯正的な治療の対象になることがあります。

　実は、こうした生徒は自分が反抗的で挑発的であるとは思っておらず、むしろ、周囲の理不尽な要求や対応のせいで、怒りの行動や挑発的な態度を取らざるを得なくなっている、と感じていることがあると報告されています。

事例紹介——先生からの相談

　MASAMI（仮名）さんは高等学校1年生の男子です。小学校時にADHDの診断を受けました。衝動性・多動性が高く、小学校時代から荒っぽい行動があり、叱責されることが多かったとのことです。

　中学校時代には、友人の物を盗んだり、近所で飼われている動物をいじめたりしていたとのことです。また、その頃から親や教師に反抗するようになりました。夜に家を抜け出し仲間と徘徊することもあり、教師や親が注意すると

Part 2　事例から考える集団適応の課題と対応　**129**

「うるせえ」と激高し、殴りかかろうとしたこともあったそうです。

　高等学校に入学してからは、登校はしてくるものの無気力な様子が目立ち、授業中は寝てばかりいます。触れると爆発しそうでもあり、どのように理解し対応をしていったらよいのか困っています。

先生とお話ししたこと

★ ADHD の二次障害への理解

　ADHD タイプの人が二次障害として反抗挑発症からの様相を示すようになることが知られています。反抗挑発症は、就学前から中学生までの時期に現れるとされています。環境的な要因も関係しますが、気性が荒い、我慢が苦手といった気質や、遺伝的要因もあるとされ原因は解明されていません。そうしたことへの叱責などが続くと日常的に反社会的な行動をとってしまう素行症へと移行していくとされています。

　ADHD タイプの人は「いけないこと」と理解しているにもかかわらず、その衝動性や多動性、注意力の不全などから、問題となる行動を繰り返してしまうことがあります。「わかっているのにしてしまう」そして「繰り返し何度も注意や叱責を受ける」。こうしたことは自尊心や自己肯定感を低下させ、「自分はダメな人間だ」と考えてしまうことにつながります。

　さらに、悩んでいる自分のことを誰も理解してくれないと感じることから、人間不信に陥り周囲の人々との信頼関係が崩壊し、自身に理不尽な対応をしていると考えるようになってしまいます。MASAMI さんもこうした経験を重ねてきたのではないかと考えられます。

★ まずは校内でできる対応を試みる

　2018 年改訂の高等学校学習指導要領総則に「第 5 款 生徒の発達の支援」が新たに設けられました。そこには「学習や生活の基盤として、教師と生徒との信頼関係及び生徒相互のよりよい人間関係を育てる」ことや「集団の場面で必要な指導や援助を行うガイダンスと、個々の生徒の多様な実態を踏まえ、一人

一人が抱える課題に個別に対応した指導を行うカウンセリングの双方により、生徒の発達を支援する」ことが示されています。

しかし、非行との関連ということになると、生徒指導とも関連してきます。2023年に改訂された「生徒指導提要」によれば、MASAMIさんへの対応は「困難課題対応生徒指導」ということになるでしょうか。

困難課題対応生徒指導では、管理職、生徒指導主事、学年の先生方、養護教諭、スクールカウンセラー、スクールソーシャルワーカーなどによるチームアプローチによる計画的・組織的・継続的な指導・支援が挙げられています。大人に対してこころを閉ざしていたとしても、たくさんの人々から声をかけられ、注目され、励まされるといった肯定的な対応を受けることによって、徐々にこころを開いてくれることが期待できます。

このような取り組みが糸口となり、ADHDタイプ特有の創造的なひらめきの良さ、アイデアの豊富さ、フットワークの軽さ、協調性の高さといった良い側面の力が発揮され、自己肯定感が高まることにつながってほしいです。

★ 専門的機関との連携に向けて

MASAMIさんを観察し、他者の気持ちに対する感受性を欠いてしまっていたり、他者からの言動を自身への脅迫的なものとして受け止めたり、日常的にいじめや脅迫的な行為を行ったり、ナイフや危険な道具を持ち歩いたりするといったようなことがある場合は、早急に保護者や専門的な機関との連携が求められます。年齢的に道徳教育や厳しい叱責は、すでに効果をもたないものとなっており、かえって逆効果であるとされています。医学的アプローチとしての薬物療法や精神療法などの治療の実施や、認知行動療法などにより自尊心と自己統制の改善が得られる可能性があるとのことです。

参考文献
文部科学省（2018）「高等学校学習指導要領」
齊藤万比古（2009）『発達障害が引き起こす二次障害へのケアとサポート』学研

学齢期（高等学校）

23 皆の前で目立ちたくない生徒

「褒めて育てましょう」「褒められて伸びるタイプ」などは、近年よく目に
し、耳にすることばです。一般的に誰かに認められることはうれしいこと、誇
らしいことであるというように認識されてきたと思います。しかし、皆の前で
「褒められること」＝「圧を感じること」となる人がいます。コロナ禍の中で
マスク生活を余儀なくされ、飛沫防止の名の下に黙食、黙乗、黙浴といったこ
とが求められたということも影響しているのかもしれません。また、SNSで
匿名化が進み、目立つことで誹謗・中傷の対象となってしまうことへの恐れと
いうことも考えられます。

　他者からの注目を浴びることによってプレッシャーがかかり、自由に行動で
きなくなってしまう。「匿名化」の時代とは言われますが、目立たないように
密かに生活がしたい「潜行化」の時代が来ているのかもしれません。

事例紹介──先生からの相談

　SEIJI（仮名）さんは高等学校1年生の男子です。自己肯定感が低く、いわ
ゆる基本的に真面目なのですが自信のないタイプの生徒です。少しでも自信が
もてるようにしたいと考え、ホームルームや私の授業の際に、SEIJIさんの良
いところをクラスメートの前で褒めるようにこころがけていました。勇気づけ
る、元気づけるといった、いわゆるエンパワメントする気持ちでした。

　そうしたある日、SEIJIさんが職員室にやってきました。そして「みんなの
前で褒めないでほしい」と怒ったように言うのです。褒められてうれしいと感
じる気持ちよりも、抵抗感を感じる。みんなの前で目立ちたくない。このよう
なことが続くと学校に来られなくなるとも言います。どのように理解し対応す
ればよいのでしょうか。

先生とお話ししたこと

★ 目立ちたくない気持ちとは

　学校教育では、「協働的な学び」や「対話的な学び」が求められています。授業展開の中にグループディスカッションが取り入れられることも増えてきました。しかし、本来の目的である個々の見解を述べ課題解決に向けた議論を交わすというよりは、雑談程度に収まってしまうことが多いと指摘されています。顔を合わせてのグループディスカッションでの白熱した議論を期待することは難しいようです。これも目立ちたくないという気持ちの表れと捉えられています。

　ところが、生徒自身の素直な考えを表現させるために効果的な方法があるそうです。それは匿名性を保証すること。質問への回答をチャット形式など無記名あるいはハンドルネームでコメントを送付することができるタブレットのアプリを活用するとよいのだそうです。匿名性を保つことで、白熱した本音の議論が展開されるとのことです。「これは、良い意見だね」と匿名で認められることがうれしいのかなぁと思ってしまいますが……。

　SEIJI さんも「褒められてうれしいと感じる気持ちはある」と話していました。うれしいけれども、みんなの前で褒めるのではなく……なのです。特別な存在になりたくないのですね。一対一の場面や個別のチャットで良いところを伝えると素直に受け止めてくれるのでしょうか。「個別最適化」といわれますが、認め方も一人ひとりのニーズに対応していくことが必要なのです。

★ 同調圧力ということ

　コロナ禍を経て 2023 年 4 月 1 日以降、学校の授業において基本的にマスクの着用を求めないとする通知が出されました。日本は同調圧力が強い社会なのだろうかと考えてしまうエピソードがあります。

　通知が出されてから数ヵ月過ぎてからのことです。中学校や高等学校の巡回相談に伺う機会がありました。そうすると、かなり（時には 8〜9 割）の生徒

Part 2　事例から考える集団適応の課題と対応　　133

がマスクを着用しているのです。正直驚きました。コロナやインフルエンザの予防ということはもちろんあるのでしょうが、先生の話を聞くと、自分の素顔を出したくない、マスクを外すことが目立つことにつながるという気持ちが強いということが大きな理由とのことです。「匿名化」「潜行化」という意識を勘案すると、確かに学校ではそうした状況が顕著となることは想像に難くありません。マスクを外すということに生徒の皆さんは同調というところからプレッシャーを感じていたのでしょう。

　明るいクラス、楽しいクラスなど学級の個性や雰囲気は「学級風土」と表現されることがあります。SEIJI さんのように、先生から褒められたことのうれしさを「浮いてしまったらどうしよう」「目立つと何を言われるかわからない」と素直に表現できないのは学級風土からの影響と考えられます。そうしたことを心配する生徒は増えているのではないでしょうか。学級風土がいじめや不登校など、児童生徒の行動だけではなく、学力にも影響を及ぼすことが心理学の研究などから知られています。目立たないように気を遣う「匿名化」「潜行化」といったことから開放され、個々の自由な発想や個性を発揮し、自分らしく生活することのできる学級風土を醸成することが必要です。

　COCOLO プラン「誰一人取り残されない学びの保障に向けた不登校対策」（文部科学省，2023）では、学校風土を取り上げています。学校風土を『見える化』し、学校をみんなが安心して学べる場にすること、そのためには児童生徒の授業への満足度や教職員への信頼感、学校生活への安心感などを向上することが必要とされています。

参考文献
金間大介（2022）『先生、どうか皆の前でほめないで下さい―いい子症候群の若者たち』東洋経済新報社
高久玲音・王明耀（2023）「ポストコロナに向けた子どもたちの学校生活の現状―2022 年 6 月の学校生活調査の結果と予備的解析」社会保障研究，7(3), 224-235.

学齢期（高等学校）

24 高等学校を中途退学する生徒

　高等学校への進学率は 98.9%（文部科学省，2022）となっています。中途退学には積極的な進路変更による前向きなものもありますが、その一方で、学校での人間関係、学業不振、家庭の事情、体調不良など様々な理由で高等学校を中途退学することを選択せざるを得ない状況となった生徒が存在します。その数は高等学校在学者の約 1.2%、38,928 名と報告されています（文部科学省，2022）。100 人に 1 人の割合です。

　高等学校で不登校（出席日数不足）となることや、学業不振（単位未修得）が留年につながり、改善がみられなければ中途退学の要因となります。

　高等学校を中途退学すると、当然のことですが学校を通じた進路選択に関する情報が得にくくなります。しかも、高等学校は生徒の通学圏域が広いことから、生徒が居住する地域に根ざした支援への引き継ぎが難しいという実状があります。高等学校の中途退学を契機として社会との接点をなくしてしまい、ひきこもりなどに陥るケースもあります。時々マスコミを賑わす NEET（ニート：Not in Education, Employment, or Training）は、15〜34 歳の就学も就職もしてない人を指します。その数は 60〜70 万人ともいわれています。

　高等学校の中途退学は、将来の可能性や夢の実現をはばむだけではなく、社会にとっても大切な人材を失うことにつながります。高等学校の中途退学者の多くが、進学、就労、経済面などにおいて不安を抱いており、将来に向けた多様な支援を必要としています。

事例紹介——先生からの相談

　TAKAO（仮名）さんは高等学校 2 年生の男子です。学業成績で 1 年生からの進級がかなり危ぶまれました。また、人間関係での悩みがあったとのことです。

TAKAO さんは、「高校に入るのは楽しみだったけれど、勉強もわからない
し、クラスも思っていたような雰囲気ではなかった。周囲には授業中にふざけ
たりする人が多かった。ネットゲームやアイドルの話題にはなじめない。徐々
に孤立感をおぼえるようになった。自宅から遠い高校であったこともあり、通
うことがだんだん億劫になってしまった。母親が駅まで送ってくれたり、励ま
してくれたりしていた。けれど、学校に行けたとしても早退することが増え、
だんだん行っても仕方ないと考えるようになった」と話しています。

　成績はもとより、欠席や早退が増えたため、出席日数も足りない状況となっ
てしまい、ついに退学することを決断しました。これからのことを含めて、ど
のように対応し支援していけばよいのでしょうか。

先生とお話ししたこと

★「キャリア・パスポート」の活用

　高等学校で中途退学となる生徒の理由は、学校生活への不適応が要因とする
ものが多くを占めています。それは小・中学校に遡って確認されることが少な
くありません。学校生活になじめず長期欠席や不登校を経験した生徒が、高等
学校の中途退学につながるケースが多いということです。

　キャリア・パスポートは、小学校から高等学校までの学びと活動の様子を可
視化し、将来のキャリア形成の見通しを立てるために 2020 年 4 月から導入さ
れました。過去 − 現在 − 未来をつなぎ、社会的・職業的な自立に向けた見通し
をもてるような働きかけ、情報の共有を行うだけではなく、児童生徒自らが記
録することで自己理解につながるツールとして、もっと活用されてよいものと
考えます。

★ つながることの大切さ

　高等学校を中途退学した方は、「コミュニケーションが苦手で、なかなか一
歩が踏み出せない……」「働きたいけれど、何からはじめればいいのかわから
ない……」「社会に出るのが怖い、将来が不安」など、心配ごとを抱えるケー

スが多く報告されています。

　社会自立に向けた相談支援の窓口が市区町村の役所に設置されています。TAKAO さんも、本人・保護者の了解を得て、地域の相談できる機関につなげることが大切です。地域生活していく中で必要な支援を一緒に考え、個々の状況に応じた具体的な支援プランを作成し、寄り添いながら自立に向けた支援が進められるはずです。学校や本人・家族だけで抱え込まずに、専門家の力を借りましょう。

★ 進学や資格を取得したいと考えた時

　高等学校を中途退学した人たちは、中退したことに後悔はないが、生活していく上で、高等学校の卒業資格があると、就職や資格取得の点で有利であることに気づくことが多いそうです。通信制や定時制など、他の高等学校に再入学する方法がありますし、高等学校卒業程度認定試験という選択肢も提供されています。高等学校卒業程度認定試験は、様々な理由で高等学校を卒業できなかった方の学習成果を適切に評価し、高等学校を卒業した人々と同等以上の学力があることを認定する試験です。必要な科目に合格すると大学・短大・専門学校の受験資格が与えられます。また、高等学校卒業者と同等以上の学力を有すると認定されたことを、就職、資格試験などに活用することができます。合格した科目に有効期限はなく、合格科目は次回以降の試験で免除されるため、自分なりのペースで受験の計画が立てられます。

　また、働くことを希望するのであれば、全国に「地域若者サポートステーション」という支援機関があります。「コミュニケーション講座」「ビジネスマナー講座」「ジョブトレ（就業体験）」など、働くことに悩みを抱えている 15〜39 歳までの方を対象に、就労に向けた支援を行っています。

参考文献
学びリンク編集部（2022）『不登校・中退生のための進路相談室 2021』学びリンク
文部科学省（2022）「令和 3 年度 児童生徒の問題行動・不登校等生徒指導上の諸課題に関する調査結果について」

おわりに

　他者と関わり、社会の中で生きていくことは、遠い祖先から引き継いできた
ヒトとしての本能ともいえることです。生理的早産とされるように、生まれた
ばかりのヒトは他者の力を借りなければ生きていくことはできません。またヒ
トは他の動物には見られないほど高度な社会的動物として、他者の情動と同じ
感情をもつ情動的共感と、他者の状態を理解し自己と他者を分別した上で他者
と共感する認知的共感の両方を備えています。ヒトを育てるという過程の中で
も他者との関わりは大切にされてきました。今日のヒトの繁栄は「こころ」を
共有するために、言語や文化が発展したことによります。

　中学生の頃、ショートショートの神様とされる星新一氏の作品に夢中になっ
ていました。半世紀以上も前の代表作『ボッコちゃん』に収録されている「肩
の上の秘書」。一人ひとりの肩の上にロボットのインコがとまっています。イ
ンコには人間のつぶやきを詳しく適切に言い換えて伝えたり、相手の話す要点
を簡潔にまとめたりする機能があります。円滑なコミュニケーションができて
いるように見えて……実は、という SF 的な内容です。

　今日、配信されたライブ映像を見る、ゲームをする、ビジネスや医療、教育
事業など幅広いシーンにバーチャル体験が増えています。また、SNS で連絡
する、オンラインで話すなど直接的に関わることも減っています。ヒトとヒト
が直接的に関わらないこと、このような生活の変化は私たちの社会性発達にど
のような影響を与えるのでしょうか。

　「集団適応に困難をかかえる子どもの社会性発達」を研究テーマとして博士
後期課程への進学とほぼ同時期に、京都教育大学で学校臨床にかかわるセン
ターの教員として仕事をすることになりました。多くの幼児児童生徒の皆さん
や先生方と関わらせていただきながら現在に至っています。

京都教育大学　教授　相澤雅文

著者紹介

相澤 雅文 （あいざわ・まさふみ）

京都教育大学教授。博士（教育学）。公認心理師、特別支援教育士SV、臨床発達心理士SV。保育士資格、学校教員専修免許状【小学校、中学校（理科）、高等学校（理科）、特別支援学校】。千葉大学教育学部卒業、宮城教育大学大学院教育学研究科修士課程修了、東北大学大学院教育学研究科博士課程修了。国公立学校の教員、発達相談支援センター相談員として勤務、2008年に京都教育大学准教授に就任、2012年より現職。研究テーマは「集団適応に困難をかかえる子どもの社会性発達の研究」。大学教員として教員養成に携わりながら、幼稚園・保育所・認定こども園、小学校、中学校、高等学校の臨床における発達相談、研修活動に取り組んでいる。
主な著書：『新訂版　教員になりたい学生のためのテキスト特別支援教育』（編集・執筆、クリエイツかもがわ）『京都発高等学校における特別支援教育のこれから─持続可能な支援にむけて』（編集、クリエイツかもがわ）

装丁　有泉　武己

「Part2 事例から考える集団適応の課題と対応」は、公益社団法人発達協会発行の『発達教育』での連載「集団適応に課題のある子どもへのクラスの中での対応——社会性や情動調整の発達から考える」（2022年4月～2024年3月）に掲載された文書をもとに加筆・修正したものです。

集団適応に困難をかかえる子どもの理解と対応

2025年3月25日　初版第1刷発行

著　者　相澤雅文
発行者　杉本哲也
発行所　株式会社　学苑社
東京都千代田区富士見2-10-2
電話　　03（3263）3817
FAX　　03（3263）2410
振替　　00100-7-177379
印刷・製本　藤原印刷株式会社

検印省略

乱丁落丁はお取り替えいたします。
定価はカバーに表示してあります。

ISBN978-4-7614-0862-6 C3037　　©2025 Printed in Japan

特別支援教育

先生ができる 気になる子どもとの関わり方
33のケースから考える支援のヒント

角南なおみ【著】

B5判●定価2200円

子ども、保護者、担任の先生の各立場から状況を説明し、子どもの特性、考え方や気持ちを解説しながら支援のヒントを提示する。

特別支援教育

「子どもの気持ち」と「先生のギモン」から考える
学校で困っている 子どもへの支援と指導

日戸由刈【監修】
安居院みどり・
萬木はるか【編】

B5判●定価2200円

先生のギモンや子どもの気持ちの背景にある発達特性を知り、適切な支援につなげることができれば、先生も子どもも、もっと楽になるはず!

特別支援教育

「自分に合った学び方」
「自分らしい生き方」を見つけよう
星と虹色なこどもたち

星山麻木【著】
相澤るつ子【イラスト】

B5判●定価2200円

さまざまな特性のある、こどもたちの感じ方・考え方を理解し、仲間同士で助け合うための方法を提案。一人ひとりのこどもを尊重するために。

発達障害

学校や家庭でできる!
SST&運動プログラム トレーニングブック

綿引清勝・島田博祐【編著】

B5判●定価2090円

「ソーシャルスキルトレーニング」と「アダプテッド・スポーツ」の専門家が提案する学校や家庭で今日からできる50の実践プログラム。

発達障害

発達障害のある子の パーソナルデザイン
「ぼくにぴったり」のノウハウとコツを見つけて

添島康夫・霜田浩信【編著】

B5判●定価2420円

この子にぴったりの活動・学び・やりがいを見つけたい。発達障害のある子が、今、求めている「パーソナルデザイン」。

発達支援

非認知能力を育てる 発達支援の進め方
「きんぎょモデル」を用いた実践の組み立て

関西発達臨床研究所【編】
高橋浩・山田史・
天岸愛子・若江ひなた【著】

A5判●定価2090円

子どもの充実した成長・発達につながる非認知能力を育てるための「きんぎょモデル」を紹介。笑顔を生み出す楽しい発達支援!

税10%込みの価格です

Tel 03-3263-3817　〒102-0071 東京都千代田区富士見2-10-2
Fax 03-3263-2410　E-mail: info@gakuensha.co.jp　https://www.gakuensha.co.jp/